NOUVELLES ARCHIVES

DES

MISSIONS SCIENTIFIQUES

ET LITTÉRAIRES

CHOIX DE RAPPORTS ET INSTRUCTIONS

PUBLIÉ SOUS LES AUSPICES

DU MINISTÈRE DE L'INSTRUCTION PUBLIQUE ET DES BEAUX-ARTS

NOUVELLE SÉRIE

Fascicule 2

PARIS

IMPRIMERIE NATIONALE

MDCCCCX

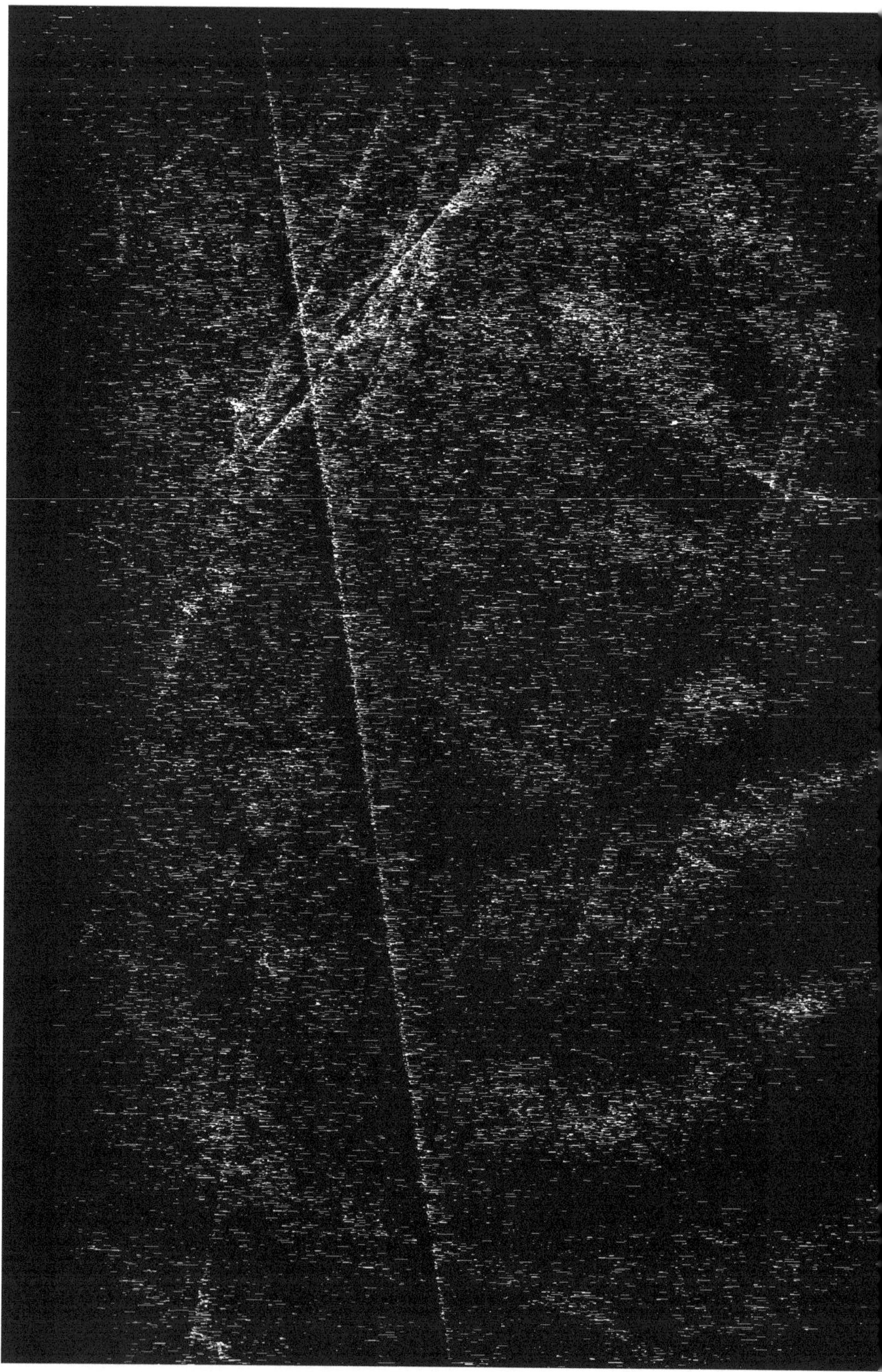

NOUVELLES ARCHIVES

DES

MISSIONS SCIENTIFIQUES

ET LITTÉRAIRES

NOUVELLES ARCHIVES

DES

MISSIONS SCIENTIFIQUES

ET LITTÉRAIRES

NOUVELLES ARCHIVES

DES

MISSIONS SCIENTIFIQUES

ET LITTÉRAIRES

CHOIX DE RAPPORTS ET INSTRUCTIONS

PUBLIÉ SOUS LES AUSPICES

DU MINISTÈRE DE L'INSTRUCTION PUBLIQUE ET DES BEAUX-ARTS

NOUVELLE SÉRIE

Fascicule 2

PARIS

IMPRIMERIE NATIONALE

MDCCCCX

NOUVELLE SÉRIE

Fascicule 2

PARIS

IMPRIMERIE NATIONALE

MDCCCCX

RAPPORT

SUR

UNE MISSION SCIENTIFIQUE

EN ARMÉNIE RUSSE

ET EN ARMÉNIE TURQUE

(JUILLET-OCTOBRE 1909),

PAR M. FRÉDÉRIC MACLER.

Monsieur le Ministre,

J'ai l'honneur de vous remettre le rapport contenant les résultats littéraires et scientifiques de la mission que vous avez bien voulu me confier, en 1909, pour poursuivre en Arménie russe et en Arménie turque des recherches relatives à la langue et à la littérature arméniennes.

Veuillez agréer, Monsieur le Ministre, etc.

Paris, décembre 1909.

AVANT-PROPOS.

Les règnes des sultans de Turquie Abd-ul-Medjid et Abd-ul-Aziz marquèrent pour la nation arménienne une ère de tolérance où les arts, les sciences et les lettres progressèrent de plus en plus. Cet éveil d'une nation, reprenant conscience d'elle-même, passa comme un songe et, dès 1878, s'ouvre pour l'Arménie ce qu'on a dénommé son long martyrologe, qui se poursuivait récemment encore par les massacres d'Adana, avril 1909.

Dès le début de son règne, Abd-ul-Hamid fit table rase de la Constitution octroyée à ses sujets ottomans, musulmans, juifs et chrétiens. Sa déchéance et la proclamation réitérée de la Constitution ouvrent des horizons nouveaux aux malheureux sujets de l'ex-sultan rouge; les Arméniens, en particulier, renaissent à l'espérance; de partout, ils accourent à Constantinople; la liberté de penser et d'agir, si longtemps entravée, redonne du courage à chacun; on se prend à respirer librement, à penser, à produire. Les lettres et les arts, les sciences en toutes leurs applications, le commerce et l'industrie se raniment d'une vie nouvelle.

Il était du plus haut intérêt de mener une enquête sur les diverses manifestations de l'activité arménienne, au lendemain de la proclamation de la Constitution et du nouveau régime, appelés à régénérer le vieil empire ottoman.

D'autre part, notre itinéraire nous conduisait aux endroits les plus vénérés de l'Arménie, qui sont en même temps de précieux dépôts de manuscrits. Le séjour à Etchmiadzin fut particulièrement employé à dépouiller de vieux évangiles datés et à rechercher sur quel original, grec ou syriaque, fut faite la version actuelle de l'Évangile arménien. Les relevés, poursuivis sur sept manuscrits, des principales variantes permettront de chercher la solution de cette question capitale pour la philologie arménienne. Nous nous réservons de lui consacrer une publication spéciale.

Nous avons visité quelques sanctuaires des environs d'Etchmiadzin, à l'effet de déterminer dans quelle mesure des survivances païennes d'anciens cultes se maintiennent dans le christianisme actuel de l'Arménie, comme, par exemple, le culte des serpents, des arbres, etc.

Les ruines de Zwarthnots, une des principales églises de la plaine araratienne, furent étudiées au point de vue archéologique et photographiées.

Le séjour à Constantinople nous a permis d'étudier le fameux manuscrit arménien de l'Évangile, dit des Thargmanitchkh, conservé à la bibliothèque des PP. Antoniens arméniens, à Ortakeuy. Ces religieux possèdent un fonds très important de manuscrits arméniens, au nombre d'environ trois cents. Tout catalogue fait défaut.

Sur notre demande, l'abbé général, supérieur de l'ordre des PP. Antoniens arméniens à Ortakeuy, Mgr Raphael, nous a autorisé à dresser le catalogue de ce précieux dépôt et à le publier en collaboration avec le R. P. Isaak Serabian, secrétaire et bibliothécaire de ladite communauté. Nous tenons à lui exprimer notre reconnaissance pour l'autorisation si aimablement accordée, et jusqu'alors refusée.

Enfin, S. B. Mgr Malachia Ormanian, ex-patriarche des Arméniens de Constantinople, bien connu par son activité politique et religieuse, nous a confié le soin de faire publier en France et en français son *Histoire de l'Église arménienne*[1].

VIENNE.

LA COLONIE ARMÉNIENNE ÉTABLIE À VIENNE.

Les Arméniens de la capitale de l'Autriche forment deux groupements bien distincts, la colonie laïque et le couvent des PP. Mekhitharistes.

La colonie arménienne, établie à Vienne, compte à peu près dix familles; la plupart sont des commissionnaires; quelques familles, originaires de Galicie, sont propriétaires de biens fonciers. Presque tous grégoriens, ces Arméniens fréquentent l'église des PP. Mekhitharistes les jours de grande fête, mais ils s'adressent aux Grecs pour les mariages, les baptêmes et les enterrements. Il y a en outre une quinzaine d'étudiants en médecine et en philologie, presque tous originaires de Russie. Une *Société d'Ani*, qui a

---

[1] Malachia ORMANIAN, ci-devant patriarche arménien de Constantinople. *L'Église arménienne.* Son histoire. Sa doctrine. Son régime. Sa discipline. Sa liturgie. Sa littérature. Son présent. Paris, Leroux, 1910, in-8°, x-192 pages.

été fondée pour venir en aide aux étudiants arméniens pauvres, se réunit, en principe, une fois par mois.

La congrégation des Mekhitharistes, établie jusqu'en 1810 à Trieste, fut obligée, par suite de l'hostilité de Napoléon Ier, de quitter cette ville et de se réfugier à Vienne, où elle reçut un chaleureux accueil de la part de la famille impériale et du clergé viennois [1].

Les PP. Mekhitharistes de Vienne s'occupent surtout de science; ils ont une imprimerie très florissante [2]; enfin ils dirigent un séminaire, comprenant une trentaine d'élèves, qui se destinent à la carrière ecclésiastique. Les plus jeunes élèves, répartis en quatre classes, suivent le programme des écoles autrichiennes; l'allemand, le français, le latin et le grec sont obligatoires; l'anglais et l'italien sont facultatifs; dans la troisième classe, ils étudient la philosophie et la religion (Religionslehre), et dans la quatrième classe, ils s'initient à la connaissance de la dogmatique, de la morale et de la théologie.

C'est en juillet 1909 que fut élu le nouvel abbé général de la communauté de Vienne, le R. P. Govrikean. Dans ce même mois furent tenus deux conciles généraux, à Vienne et à Venise, dont les décisions intéressent la vie des communautés arméniennes résidant dans ces villes. A Venise, on nomma, outre l'abbé général, qui s'occupe de toute la congrégation, un vicaire général, qui est le supérieur de la maison mère, à Saint-Lazare, près Venise. Dans ce couvent, jusqu'à ce dernier concile, les conseillers de l'abbé général (conseil de l'Administration) étaient au nombre de six. Ce nombre a été réduit à quatre; pour prendre une décision, il faut absolument la présence des quatre conseillers; jusque-là, une décision était valable, prise avec quatre conseillers présents, sur six conseilleurs titulaires. Le procureur général du couvent, d'après les nouvelles décisions, est élu par le conseil général, avec ses quatre conseillers.

---

[1] Cf. *Abriss der Geschichte der Wiener Mechitharisten-Congregation,* und ihrer Wirksamkeit, aus Anlass des 50-Iährigen Iubiläums der Grundsteinlegung zu ihrem neuen Kloster... (Wien, 1887) *passim.*

[2] Cf. P. Gregoris Dr KALEMKIAR, *Eine Skizze der literarisch-typographischen Thätigkeit der Mechitharisten-Congregation in Wien...* mit 2 Licht- und 9 Zinkdruckbildern (Wien, 1898).

Nouv. arch. miss. scient., t. XIX, fasc. 2. — M. MACLER.

Fig. 1. — Stèle grecque du musée des P. P. Mekhitharistes (Vienne).

NOTE SUR UNE INSCRIPTION GRECQUE
CONSERVÉE AU MUSÉE DES PP. MEKHITHARISTES.

En visitant le musée des PP. Mekhitharistes, qui renferme une belle collection de monnaies arméniennes, j'avisai, dans un coin, une stèle funéraire avec inscription grecque. Je dois à la complaisance du R. P. Grigoris Kalemkiar et à celle du R. P. Petros, custos du musée, de pouvoir publier cette inscription ici (fig. 1).

La provenance est inconnue. Les révérends pères croient se souvenir que la stèle en question fut rapportée d'Asie Mineure par le P. Sibilian, il y a une cinquantaine d'années, alors que celui-ci parcourait la Turquie d'Europe et l'Anatolie pour recueillir des monnaies arméniennes.

Voici les dimensions de la stèle : hauteur, o m. 66; largeur, o m. 3o; épaisseur, o m. o8 en moyenne; la pierre a été taillée par derrière pour pouvoir être emportée plus facilement.

La scène, sculptée sur la partie supérieure de la stèle, rentre dans la catégorie fort nombreuse des banquets funéraires.

L'inscription se lit : Ἔτους $\overline{Z}\,\overline{N}\,\overline{P}$. Ἀρτέμων... ὡς ἐτων $\overline{M}$ καὶ τοῦ γυνὴ Βαλερια Βαλεριου ὡς ἔτων $\overline{K}\,\overline{E}$. Χ[αῖ]ρε.

En l'an 157, Artémon, dans sa 40ᵉ année, et sa femme Valeria [fille de] Valerios, dans sa 25ᵉ année. Salut.

A la deuxième ligne, les traits |—| ne semblent pas être une lettre. Nous avons peut-être là un sigle pour indiquer que le père d'Artémon portait le même nom que lui et il faudrait comprendre : Ἀρτέμων [Ἀρτέμονος] ὡς, etc.

Si la date est facile à lire, l'ère est difficile à identifier, car nous ignorons l'endroit d'où provient la pierre.

QUELQUES MANUSCRITS ARMÉNIENS
ENTRÉS RÉCEMMENT À LA BIBLIOTHÈQUE DES PP. MEKHITHARISTES DE VIENNE.

Le catalogue des manuscrits arméniens de la bibliothèque des PP. Mekhitharistes de Vienne a été publié en 1895 et contient les notices de 572 manuscrits [1]. Depuis lors, cette collection s'est

---

[1] *Catalog der armenischen Handschriften in der Mechitharisten-Bibliothek zu Wien*, von P. Jacobus Dr DASHIAN... (Wien, 1895) [en allemand et en arménien].

enrichie d'environ 3oo nouveaux manuscrits dont le catalogue sera publié plus tard. Ce nouveau fonds fut libéralement mis à ma disposition, au même titre que l'ancien; la plupart des manuscrits qui le composent ont été acquis à Constantinople par le R. P. Grigoris Kalemkiar, dont le zèle pour la bibliothèque de sa communauté est au-dessus de tout éloge. Je dois à l'amabilité et à l'obligeance des PP. Kalemkiar et Akinian de donner, sur quelques-uns de ces nouveaux manuscrits, les notices suivantes.

Vienne 593.

Գրիգորի, աշակերտի եռամեծի Յովհաննու որոտնեցւոյ մեկնութիւն աւետարանչին.

Մատթէի· և գրոցն Յոբայ :

Թ·ղ 234ա : «զյակոբ սպասաւոր բանի եւ զանդրէաս կուսակրաւն աբեղայ· և միազումար զ—ամ աղգային : Յիշեցէք ի տէր միով ա—ծ ողորմայի : և ա—ծ զձեգյիչէ· ամէն : գրցւ ապկդ· ի վանս սուՀարայ, ր Հովաննեաւ սք ամածնիս· որ արձրււաբեր կոչի :

TRADUCTION.

Commentaire de l'évangile selon Matthieu et du livre de Job, par Grégoire, élève du très grand Yovhannès Orotnetsi [1].

Papier lisse; écriture bolorgir [2].

Fol. 234 a : « Mentionnez dans le Seigneur, en disant un *Dieu aie pitié*, Yakob, serviteur du Verbe, et Andrêas, prêtre célibataire [3], et tous nos parents. Et que Dieu vous mentionne. Amen. »

---

[1] Célèbre écrivain arménien du XIVe siècle, qui a laissé de nombreux ouvrages, parmi lesquels on cite des commentaires sur quelques livres du *N. T.*, des homélies, une explication des catégories d'Aristote, etc.; il a été mêlé de très près au mouvement des Unitaires, contre lesquels il se prononça. Cf. C. F. Neumann, *Versuch einer Geschichte der armenischen Literatur*... (Leipzig, 1836), p. 214; — Dashian, *Catalog der arm. Handschriften in der Mechitharisten-Bibliothek zu Wien* (Wien, 1895), Grigor s. v. Tathewatsi.

[2] Cf. F. Macler, *Catalogue des manuscrits arméniens et géorgiens de la Bibliothèque nationale* (Paris, 1908); p. xxv.

[3] Par opposition au prêtre marié, բաՀանայ.

— 7 —

Copié en l'an 863 (= 1414 J.-C.), au couvent de Souhara [1], à
l'ombre de cette sainte vierge qui s'appelle Ardzevaber [2].

Vienne 604.

Գրիգորի եռամեծի աշակերտի Յովհ. որոտնեցւոյ
Հարցմունք պիտանիք և աւգտակարք դրոց աշակերտե_
ալ անճանց·

1 Թ՛ղ. 363ա 1 և 2 — «Յիշատակ է գիրքս պա_
տուական :

2 Ներ քաղաքում կապաթովկեան :

3 որ և մածակ վերճայնական :

[1] Ce couvent se trouve dans le village de Kharapast; il était célèbre par la
Vierge miraculeuse et les pèlerinages qui s'y faisaient. Le couvent est plus
connu et plus renommé que le village. Il est situé dans la province de Darouperan et dans le canton de Katchperouneats ou Ardjech. Au XIV° siècle, un certain Sargis vardapet Sorpetsi y fonda une école. Il mourut en 850 È. A. (=
1401 J.-C.) et fut enterré dans l'église, comme aussi ses deux prédécesseurs,
les évêques Khatchatour et Zakhéos. Cf. INDJIDJIAN, *Géographie de l'Arménie ancienne* (Venise, 1822), p. 126-127. — EPHRIKEAN, *Dictionnaire géographique
illustré de l'Arménie* (Venise, 1907), II, p. 151. On connaît deux manuscrits
arméniens copiés à Souhara ; 1° Livres des douze petits prophètes et de Job,
par Sargis kronavor, en 774 È. A. (= 1325 J.-C.). Cf. *Thoros Aghbar*, II,
p. 330; 2° Explication des épîtres catholiques par Kirakos abeła, en 903
È. A. (= 1454 J.-C.) [cf. Levond PIŁŁALEMEAN, *Nôtarkh Hayots*, Constantinople,
1888, p. 174].

[2] Ce mot signifie «enfanteuse d'aigles» ou «née de l'aigle». Ce couvent se
trouve dans la province de Darouperan, canton de Katchperouneats ou Ardjech. Il est célèbre par son architecture et sa construction grandiose. Le couvent a la forme d'un château; il est entouré de murs immenses et aux quatre
coins s'élèvent des tours. La cour est ronde; au sous-sol, sont construits des
chambres et des chemins. Il y a encore des dépôts pour les provisions et des
puits pour le blé; ces constructions sont entourées de marbre et de pierres mas-
sives. On suppose que ce couvent a été bâti il y a quinze siècles (v° ou vi° siècle)
et qu'il servit comme château fort et comme lieu de dévotion, suivant les circonstances. Cf. INDJIDJIAN, *ibid.*, p. 127-128. — EPHRIKEAN, *ibid.* (Venise,
1903-1905), t. I, p. 306. Dans l'article du P. Ephrikean, pour le couvent
d'Ardzevaber, une faute d'impression porte *province de Vaspourakan et canton de
Katchperouneats*, au lieu de province de *Darouperan* et canton de Katchperouneats. Indjidjian localise Ardzevaber à une certaine distance de Souhara
(Kharapast). Pirłalemean, qui a beaucoup voyagé en Arménie, dans son
Nôtarkh Hayots, identifie, dans sa notice sur Souhara, ce couvent avec Ardzevaber.

4 ի դուռն սբ կուսի կայան:
5 աճածնա բանին խորան:
6 անջնջելի ւանբացական:
7 Յաւիտենիւ և անվախճան:
8 եկեղեցւոյ գլուխ պետական:
9 կաթուղիկոս վեհ սրբազան:
10 երամք սրբոց վարդապետական:
11 եպիսկոպոսք արհիական:
12 և ի կարգաց եկեղեցական
13 մեծամեծաց մինչ ի փոքրկան:
14 ով ոք իշխէ Հանել դրան:
15 Աճածնայ զայս սբ մատեան:
16 առանց կամաց և խորՀրդեան:
17 եթէ լիցի գրաւ դնելով:
18 երկու և երից այլ աւելեան:
19 քաՀանայից կեսարեան:
20 և Հռամանաց իշխանական:
21 ւերեցվփոխանաց որք կարգեալ կան:
22 լիցին նզովք անադիմական:
23 երեք ժողովյ Հայրապետական:
24 Աճածնայ գերադրական:
25 սրբոց խմբից տարալուծական:
26 և զայս ինդրեմ՛ով Հայրք և եղբայրք:
27 երամն դասուց քաՀանայական:
28 յորժամ ընթեռնուք զգիրքս զայս:
29 մի մոռանայք աւիթ սրային:
30 առբերող սբ մատենիան:
31 բամք եկեղեցոյ աղաչեցէք
32 վասն սրային: որն ողորմի
33 արբայութեան արժանանան:
34 ի միւս անգամ իւր գլս"տէՅէն:
35 բախճան բարութիւն վայելել տայ:
36 ուրախութը և ցնծութեամբ:
37 սբ արբայութէն զուարճանա:
38 պետա դասուց վայելողք սրա:

39 երանաւէտ ձայն խնդրեցէք սմայ ։
40 որն ողորմի և շնորհէ սորա ։
41 բենական անձառ լուսոյն պայծառանայ ։
42 ուր և անձառ փառան ցնծա ։
43 սա ի դասս հրեշտակաց ուրախանամ ։
44 իւր առատ ողորմութիւնն պարգևէք սորա ։
45 ուղեղ շաւիղ առաջնորդէ սմայ ։
46 բամից երկրայնոցս որոշեալ ։
47 դասս վերնոց խառնէ զսա ։
48 ի կայանս սրբոց ուրախանա ։
49 խնամմողք պահողք անախտական
50 շափշտակողք բստ յուդայեան ։
51 լիցի օրհնեալ միշտ յաւիտեան ։
52 յամմ և յաւէտ առաձգական ։ ամէն ։

TRADUCTION.

Questions utiles et profitables aux gens de lettres, par Grégoire, trois fois grand, élève de Yovhannès Orotnetsi.[1]

Sur papier lisse, bolorgir [2], 337 feuillets à deux colonnes.

Fol. 4 a, frontispice insignifiant et ornement de marge [3].

Mémorial principal : fol. 363 a, 1 et 2. — « Ce livre excellent a été offert comme souvenir, dans la ville de la Cappadoce, qui est aussi appelée Majak [4], à la porte de la demeure de la sainte Vierge, à l'autel

[1] Cf. *supra*, p. 6, n. 1.

[2] Cf. *supra*, p. 6, n. 2.

[3] Sur l'usage des frontispices et des demi-frontispices dans les manuscrits arméniens, cf. R. P. Séraphin ABDULLAH et F. MACLER, *Études sur la miniature arménienne*, dans *Revue des Études ethnographiques et sociologiques* (Paris, 1909). p. 280.

[4] Cf. Moïse DE KHOREN, s. v. *Aram* et *Majak*, *Histoire d'Arménie*, I, chap. XIV. — Cette ville se nomma *Majak* ou *Mazaca*, jusqu'à l'époque de Tibère, où elle prit le nom de *Césarée*; cf. J. SAINT-MARTIN, *Mémoires historiques et géographiques sur l'Arménie...* (Paris, 1818), I, p. 186. — C'était un évêché arménien important : « Cæsarea, archiepiscopatus provinciæ Cappadociæ : habet tantum duos suffraganeos. I Surb-Astuasasin, Sta. Dei Genitrix, episcopatus 3. leucis distans à Cæsarea versùs Meridiem. II Hisia episcopatus, 6. leucis versus Septentrionem distat à Cæsarea : ibi etiam est Monasterium ordinis S. Basilii, quod dicitur Surb-Sargis, S. Sergius » ; Cf. DE MONI (Richard SIMON), *Histoire critique de la creance et des coûtumes des nations du Levant* (Francfort, 1684), p. 221-222.

du Verbe de la mère de Dieu, indestructible et inexpugnable, éternelle
et sans fin. Le chef de l'Église, l'auguste et sacré catholicos, le chœur
des saints docteurs, les archevêques, et dans les ordres ecclésiastiques,
des plus grands jusqu'aux plus petits, que personne n'ose sortir ce saint
livre hors de la porte de la sainte Vierge, sans l'autorisation et le consen-
tement [du supérieur]. Si les prêtres de Césarée et les notables et les
marguilliers mettent ceci en gage même au double et triple de sa valeur,
qu'ils soient maudits et anathématisés par les trois conciles pontificaux [1],
par la très haute sainte Vierge, par les chœurs des saints, faiseurs de
miracles. Et je vous prie, ô pères et frères, essaim de prêtres, lorsque
vous lirez ce livre, n'oubliez pas celui qui a offert ce saint livre. Troupes
de l'Église priez pour lui. Que le Seigneur ait pitié de lui et qu'il mérite
le paradis.

« Que [Dieu] à sa deuxième venue le fasse jouir de l'abondance des
biens; que dans la joie et l'allégresse du saint paradis, il se réjouisse.

« Chefs des chœurs qui userez de ceci, priez pour lui, de vos voix
bienheureuses; que le Seigneur ait pitié de lui et lui fasse grâce; qu'il
resplendisse par l'ineffable lumière divine; qu'il exulte dans la gloire
indicible; qu'il ait de la joie parmi les chœurs des anges; que [Dieu]
lui accorde son abondante miséricorde, qu'il le conduise dans le droit
chemin; en le distinguant du troupeau des humains, qu'il le mêle au
chœur des célestes; qu'il se réjouisse dans les demeures des saints.

« Ceux qui soigneront [ce manuscrit] et le garderont intact, ceux qui
ne l'enlèveront pas, à l'exemple de Juda, qu'ils soient éternellement
bénis, maintenant et toujours. Amen. »

De la ligne 29-48, nous avons l'anagramme du copiste : Martiros
fils de Petros.

Vienne 608.

Évangile. Parchemin; écriture erkathagir [2]; 290 feuillets à
deux colonnes. x^e ou xie siècle.

Aux folios 1 *a*, 1 *b*, 2 *a*, 2 *b*, 3 *a*, il y a des frontispices,
posés sur quelques colonnes; ils sont de diverses couleurs. Au
début de chaque péricope, il y a des ornements de marge, avec
motifs floraux de diverses couleurs. Au folio 72 *a*, où commence
l'évangile selon Marc, un demi-frontispice bigarré est bien dessiné,

[1] Les conciles œcuméniques de Nicée (325), Constantinople (381) et
Éphèse (451).

[2] Cf. F. MACLER, *Catalogue des manuscrits arméniens et géorgiens de la Bibliothèque nationale* (Paris, 1908), p. xxv.

ainsi que l'ornement de marge. Le dernier chapitre de l'évangile selon Marc s'arrête au verset 9. Au folio 131 *a*, évangile selon Luc, remarquer le demi-frontispice et l'ornement de marge. L'initiale, longue de 13 centimètres, est une lettre ornée bigarrée. Au folio 225 *a*, le demi-frontispice et l'ornement de marge sont d'une belle exécution. L'initiale, longue de 13 centimètres, est une lettre ornée. Le texte comprend jusqu'à Jean, XVII, et reste inachevé au folio 290 *b*.

Le principal mémorial manque; on lit, au folio 130 *b* [2] de la main du relieur :

Կազմեց ս̄բ̄ Յաւետարեանս, զեղ ա̄մ̄ Շիւանդեայ և բժիշկ ա̄մ̄ Հաւատացելոց· Յիշատակ լիւոնին, և իւր Հօր յեղիկէ և եղբօր յաւսեփին· և Հաւր եղբօր վասլին քս ա̄ձ̄ ողորմեայ։ Ծնաւդեաց սոցայ և եա գսայ եկեղեցին ի ս̄բ̄ ա̄ձ̄ածին յիշատակ անջնջելի ։․ ի Հայրապետուլթէ խա- չատուր կաթս... եպիկոս Տէր յովանէս արՀի եպիսկ ։ կազմեցաւ ս̄բ̄ Յաւետարանս... ի Թ̄Վ̄ Հայոց ոե...

TRADUCTION.

Relia [1] ce saint évangile, remède de tous les malades et médecin de tous les croyants, en souvenir de Levon et de [son] père Yeliê et de [son] frère Yawsêph et du frère de [son] père, Vasil. Christ Dieu, aie pitié des parents de ceux-ci. Et il [2] donna ceci à l'église de la sainte Vierge, en souvenir ineffaçable, sous le pontificat du catholicos Kha- tchatour [3]... sous l'évêché du seigneur Yovanês archevêque. Fut relié ce saint évangile en l'an È. A. 1005... (= 1556 J.-C.) [illisible.]

Vienne 638.

Évangile; date : l'an ՌՃԺԵ = 1115 de l'ère arménienne (= 1666 J.-C.). Parchemin; écriture bolorgir; 244 feuillets à deux colonnes.

[1] A entendre dans le sens passif (կազմեցաւ) : «fut relié».

[2] Il, c'est-à-dire Levon (Léon).

[3] Il s'agit ici du premier catholicos de ce nom sur le trône pontifical de Cilicie, nommé Khatchatour IV dans la liste des catholicos; il monta sur le trône en 1553, d'après Mgr Ormanian (*Calendrier de l'hôpital arménien de Con- stantinople*, 1908, p. 179) et en 1551 d'après le R. P. Kalemkiar (GELZER, *Hamaröt patmouthioun Hayots*, Vienne, 1897, p. 116); il abdiqua en 1560.

Fol. 1, 2, 243, 244, anciens feuillets de garde en parchemin.
Fol. 3 a, 3 b, 4 a, 4 b, 5 a, 5 b, 6 a, 6 b, 7 a, des frontispices
ornés de colonnes et bigarrés, avec ornements de fleurs et d'oiseaux.

Fol. 9 a, au début de l'Évangile selon Matthieu, il y a un frontispice bigarré et doré, et un ornement de marge. L'initiale majus-
cule, lettre en forme d'ange, bigarrée. Les autres titres sont dorés
et mélangés de noir.

Au début de chaque péricope, un ornement de marge et l'initiale en lettre ornée.

Fol. 76 a, au début de l'Évangile selon Marc, un frontispice et
un ornement de marge. L'initiale est ornithomorphique; le titre
est en partie rouge et en partie bleu.

Fol. 121 a, au début de l'Évangile selon Luc, un frontispice
bigarré et un ornement de marge bigarré et doré. L'initiale ornithomorphique est bigarrée.

Fol. 191 a, au début de l'Évangile selon Jean, un frontispice
bigarré et doré et un ornement de marge; l'initiale est ornithomorphique.

Les ornements de marge sont variés : oiseaux, fleurs, hommes,
dômes, etc.

Principal mémorial, fol. 241 b : փառք աներեւանելի եւ
միասնական Սբ երրորդութեան Հօր եւ որդւոյ եւ Հոգւոյն
սրբոյ ամէն։ Շնորհիւ ամենակարող վերկէին ան Թի. յանգ
ելեալ աւարտեցաւ ունող աւետեաց արքայութեան
քառավտակ գետաբուղխս Սբ աւետարանս՝ ի թուին Հայոց
ոՃՁԵ. ի յերկիրս գերմանիկոյ ի գեղաքաղաքս ի գեթուն
ընդ Հովհաննեաւ սրբուհւոյ ամենորՀնեալ Սբ աժաժնին
եւ սրբոյն գրիգորի մեր լուսաւորչին, եւ յովհաննու
մկրտչին. եւ սրբոյն յակովբայ մծբնայ Հայրին եւ սրբոյն
պարսամայ ճգնաւորին. եւ Սբ Հշտակային. եւ սրբոյն սար-
գսի զօրավարին. եւ սրբոյն թէոդորոսի զօրավարին. եւ
այլ ամ սրբութեցս, որ աստ կան բարեխօս ամ քրիստո-
նէից. ի կթղկասութեն կիւլիկեցւոց տէր դաւթի եւ յա-
ռաջնորդուէ մեր վանաց տէր մովսէս աժաբան վզսի։
գրեցաւ սա ձեռամբ մեղօք ցնորեալ եւ մրաւխած յվնսի
աղտեղացեալ անՃնատրուժ նուաստի։ ի խնդրոյ աժ-

ասէր և երանութեան արժանաւոր որ կարապետ ՔՀյի
և իւր ձնօղացն որ պետրոսին և իւր կենակցին աննային
մարթային. որ յովակիմին. Թորոսին և ԹադուՀէ և պո_
դոսին. դ ձլ ածողորմի ասացէք որ Թորոս ՔՀյին և իւր
որդւոյն գասպր գրչի որ բազում աշխատանք ունին ի
վր մեր ած իւրց վարձաՀատոյց լինի ի միւսանգամ գալս_
տեանն. ամէն։ ընդ նմին յիշեցէք ի աղօթս ձեր և ածո_
դորմի ասացէք աՃամ ոսկանին. և իւր ձնօղն աձատու_
րին և երբեմ սրկգն և սուքիասին. եփրոսիմ և
մարիամին և այլ ամ Հաւատացեալ քրիստոնէիցն որ ի սբ
աւանս երախտիք և աշխատանք ունին որ ած մեր
սորա փոխարէն գերկնից արքայութիւն ժառանգել տացէ
ամէն։ Արդ որք Հանդիպիք սմա տեսանելով կամ գա_
դափարելով. յիշեցէք ի սբ աղօթս ձեր գուսուցիչքն իմ
գտէր յոՀան գրչապետան և գտէր յովՀաննէան և գսեւա_
գոյն մթնացել ոգի յվնս գրչիկս. և դՀայրն իմ գնոյ
երեցն. և դմայրն իմ գմարգրբիան. և գեղբարքս իմ գսատե_
փանոս վզպան և գաւետիքն. և գորդեակս մեր գխաշա_
տունն և գնադարէթ պատանին. և գպապն իմ և գՀանիլին
իմ և գեորքս մեր. և գամ ազգայինս մեր յիշեցէք. և ած
ողորմի ասացէք։ և տնօղն ամ բարեաց քս ած. ձեզ
յիշողացդ և մեղ յիշեցելոցս առ Հասարակ ողորմեսցի
աստ և ի միւսանգամ գալստեանն իւրում. ամէն։ Հայր
մեր որ։

TRADUCTION.

Gloire à la sainte Trinité, indivisible et consubstantielle, au Père et
au Fils et au Saint-Esprit. Amen.

Grâce au tout-puissant Sauveur, le seigneur Jésus, fut achevé ce saint
évangile, aux quatre fleuves [1], portant la bonne nouvelle du paradis,
en l'an ռջժե de l'ère arménienne (= 1666 J.-C.), ici dans le district
de Maraš [2], au bourg de Zêthoun, à l'ombre de la toute bénie sainte

---

[1] Allusion aux quatre évangélistes; cf. *infra*, p. 33, n. 1.

[2] L'ancienne Germanicia; sur l'histoire de cette ville au moyen âge et son
état actuel, cf. DULAURIER, in *Recueil des historiens des croisades. Documents
arméniens* (Paris, 1869), 1, p. xlv.

Vierge [1], et de notre Illuminateur saint Grégoire, et de Jean le Baptiste, et de saint Jacques patriarche de Medzbin, et de saint Barsam l'ascète [2], et du saint Archange, et de saint Sargis le capitaine, et de saint Théodoros le capitaine, et de tous les saints qui sont ici, intercesseurs de tous les chrétiens; sous le catholicat en Cilicie de Têr David [3], sous le priorat dans notre couvent, du vardapet théologien Têr Movsês.

Fut écrit par la main de l'humble serviteur, souillé, Yovhannês, délirant et engourdi par le péché, à la demande du prêtre Têr Karapet, théophile et méritant la béatitude et de son père Têr Petros et de son épouse Anna, et de Martha, de Têr Yovakim, Thoros, de Thagouh (sic) [1] et de Pôlos; demandez encore la miséricorde de Dieu pour le prêtre Têr Thoros et pour son fils le scribe Gaspar, qui ont fait pour nous beaucoup de travail. Que Dieu les récompense à sa seconde venue.

Avec lui, rappelez aussi dans vos prières — et demandez pour eux la miséricorde de Dieu — Ačam Ôskan et son père Astwacatur et le diacre Éphrem et Sukhias, Éphrosimé et Mariam et tous les autres chrétiens croyants, qui ont travaillé à ce saint évangile, et l'ont servi, que notre Seigneur Dieu, en échange de ce qu'ils ont fait, leur fasse hériter du royaume des cieux. Amen.

Or, vous qui rencontrerez ce [manuscrit], en le voyant ou en le copiant, rappelez dans vos saintes prières mes maîtres, le scribe en chef

[1] «Après l'an 1500, Zeïtoun eut une période de culture et de prospérité pendant un siècle... Le couvent de Sourp-Asdvadsadsine, qui était d'abord tout petit, fut reconstruit et devint un grand séminaire... Le nombre des membres de la communauté du couvent de Sourp-Asdvadsadsine s'élevait jusqu'à trente dont cinq ou six étaient des archevêques ou des évêques. Ce couvent fut un centre qui produisit un clergé éclairé et qui répandit un mouvement intellectuel dans toute la Cilicie... Parmi les manuscrits du couvent de Zeïtoun, il se trouve des copies d'Écritures Saintes très artistement exécutées, avec des enluminures d'un riche coloris.» Cf. Aghassi, Zeïtoun... traduction d'Archag Tchobanian (Paris, 1897), p. 52-55.

[2] Cf. Abdullah et Macler, Études sur la miniature arménienne, dans Revue des études ethnographiques et sociologiques (Paris, 1909), p. 282, n. 5.

[3] David de Karkar ne fut pas légalement catholicos, mais usurpa cette dignité pendant que le titulaire légitime du siège de Sis, Khatchatour (Խաչա֊ տուր Գ. վիմէպրձի), était à Constantinople. Cette usurpation dura de 1663-1679, d'après Saint-Martin, Mémoires sur l'Arménie, I, p. 448, et Kalemkiar, in Gelzer, Hamarôt patmouthioun Hayots (Vienne, 1897), p. 117; d'après Mgr Ormanian (Calendrier de l'hôpital arménien de Constantinople, 1908), p. 179. David aurait occupé le siège patriarcal de 1663-1673. Il semble bien qu'il fut catholicos régulier pour notre scribe.

[4] La forme ordinaire de ce mot est Thagouhi, qui, comme nom commun, signifie «reine».

Têr Yohan[1] et Têr Yovhannès et moi-même petit scribe Yóvhannès,
âme noire et assombrie, et mon père, le curé Noy (Noé)[2], et ma mère
Marguerite et mes frères, le vardapet Stephanos et Avétik, et nos
enfants Khatchatour et le jeune Nazareth, et mon grand-père et ma
grand'mère, et nos sœurs et tous nos parents, rappelez[-les], et demandez pour eux] la miséricorde de Dieu.

Et que le Christ Dieu, le dispensateur de tous les biens, à vous qui
nous rappellerez et à nous qui serons rappelés, ait pitié, ici et à sa
seconde venue. Amen. Notre Père... »

Vienne 674.

Šarakan. Papier; écriture bolorgir; 315 feuillets à longues lignes;
date : *ռձզ*, 1016 (= 1567 J.-C.).

Principal mémorial, fol. 314 *b* : փառք անեղանակ երրոր-
դութեանն հաւր և որդւոյ և հոգւոյն սրբոյ· որ ետ
կարողութիւն տկար և անարար խոցեալ և թարախեալ
հոգւոյ և մարմնոյ և անարժեստ գրրջի ելանելյաւարտ
սուրբ շարակնոցիս փառք և գոհութիւն սուրբ երրոր-
դութեանն ամէն·

Արդ գրեցաւ շարակնոցս ի Թվականիս Հայոց· ռ · ժ ·
զ․ ձեռամբ մեղաւոր արբեցող (illisible) յոհյովհաննէսին
ի խնդրոյ... (le reste de la ligne en blanc)
գոր և տէր մեր Ⴟս քս բարեաւ վայելել տացէ ամէն ռ
ամէն :

Արդ որք հանդիպիք սմա կարդալով կամ աւրինակելով
և գաղափար ընելով· յիշեցէք յաղաւթս ձեր զՀայրն իմ
գատեփիանոս ժամահայրն· գծնողն իմ գշնորհաւորն
զբւերբն իմ զմարգրիտն և զեբրեսիմէն : յիշողդ յիշեալ
լիցի ի քս ամէն :

Արդ երեսանկեալ աղաչեմ զձեզ սուրբ հարք և
եղբարք անմեղադիր լերուք գրիս խոշորութեանն և

---

[1] Sur les différentes formes arméniennes de ce nom (Jean), dérivant du
syriaque ou du grec, cf. H. Hübschmann, *Armenische Grammatik* (Leipzig, 1897),
p. 291 et 335.

[2] La forme arménienne de ce mot (*Նոյ*) dérive indirectement de l'hébreu
(נֹחַ) par l'intermédiaire du grec (Νῶε) ou du syriaque (ܢܘܚ); cf. H. Hübschmann, *Armenische Grammatik* (Leipzig, 1897), p. 335.

— 16 —

սպալաննացն· որ յանդ.ամալրյծուԹեամբս գրեցի զսա լաւ
և ընտիր աւրինակէ : բաւէ : յիշեցէք ի մաքրափայլ յա_
դաւԹս ձեր· զվարպետան իմ զնիկողայոսն և զալիգսանոս
եպսկոն· և աձ զերկուսն արքայուԹեանն արժան առնէ·
ամէն· Հայր մեր :

TRADUCTION.

Gloire à la très sainte Trinité, au Père, au Fils et à l'Esprit saint,
qui donna la force au scribe sans art, faible et insensé, ayant l'âme et
le corps blessés et remplis de pus, d'achever ce saint šarakan. Gloire et
actions de grâces à la sainte Trinité. Amen.

Or ce šarakan fut copié en l'an 1016 de l'ère arménienne (= 1567
J.-C.) par la main du pécheur ivrogne... (illisible) Yovhannès, à la
demande de... (une ligne illisible).

Que Notre Seigneur Jésus-Christ accorde à tous la bonne jouissance
de ceci. Amen. Mille amen.

Or vous tous qui aurez l'occasion de lire ce [manuscrit] ou de le
copier, et d'en profiter, rappelez dans vos prières mon père Stephanos,
le sonneur, ma mère Šnorhawor, mes sœurs Marguerite et Ebresi-
mê (?) [1]. Celui qui rappellera sera rappelé dans le Christ. Amen.

Or, face contre terre, je vous prie, saints pères et frères, excusez-moi
pour la grossièreté de l'écriture et pour les erreurs, car j'ai copié ceci,
étant paralytique, d'un bon et excellent exemplaire; cela suffit.

Rappelez dans vos prières pures mon maître Nikołayos et l'évêque
Aliksanos. Et que Dieu les rende tous les deux dignes du Paradis. Amen.
Notre Père...

Vienne 682.

Jamagirkh (livre d'heures). Parchemin; écriture bolorgir; 182
feuillets à longues lignes.

Les lettres ornées et les initiales sont bigarrées, dorées et orni-
thomorphes. Ornements de marge, bigarrés et dorés, en forme
de fleurs, au début de chaque section.

Miniatures [2] : fol. 2 b, miniature bigarrée et dorée, qui représente un vieillard à cagoule, priant devant une croix, un livre à
la main; derrière sa tête, un diable noir, avec une queue et des

---

[1] Forme populaire du nom propre Euphrosyne, Եփրոսինեայ.

[2] Les noms des personnages représentés dans les miniatures sont probablement ceux des auteurs devant les écrits desquels elles sont placées.

ailes, à quatre pieds et à cornes; fol. 7 *b*, miniature de même genre, qui représente un évêque en vêtements ecclésiastiques, portant la crosse, debout, soulevant de la main gauche le livre; fol. 35 *a*, saint Matthieu, assis sur la marge, tenant à la main un évangile, bigarré et doré.

Fol. 36 *a*, Nersès Šnorhali, un livre à la main.

Fol. 47 *b*, le prophète Daniel, un parchemin à la main, en vêtements ecclésiastiques, dans le genre des miniatures précitées.

Fol. 52 *a*, sur la marge, la sainte Vierge Marie, les bras étendus.

Fol. 54 *b*, sur la marge, un homme barbu, agenouillé, les mains unies.

Fol. 59 *a*, sur la marge, deux femmes porteuses d'huile.

Fol. 97 *b*, le prophète David, en vêtements ecclésiastiques, avec parchemin de prophéties.

Fol. 120 *b*, un vieil évêque, en vêtements ecclésiastiques, un livre à la main.

Fol. 128 *a*, sur la marge, un roi couronné, à genoux (Manassé).

Fol. 170 *b*, Nersès Šnorhali (le Gracieux) un livre à la main.

Les ornements de marge et les initiales sont d'une main très habile; on peut en trouver des exemples de même genre à la fin du catalogue de Dashian (pl. IV et V).

Frontispice (fol. 8 *a*).

Demi-frontispices, fol. 48 *a*, 88 *a*, 98 *a*, 121 *a*.

Vienne 687.

Livre d'heures et missel (*Ժամագիրք և խորհրդատետր*). Texte incomplet. Parchemin; écriture bolorgir; 135 feuillets à longues lignes. Lettres ornées et ornements de marge.

Miniatures : fol. 2 *b*, un évêque en vêtements ecclésiastiques, un livre à la main. Fol. 58 *b*, autel peint en rouge, devant lequel l'officiant est vu de face; autour de l'autel des hommes. Ici commence le missel. Au fol. 108 *b*, commence l'office du soir.

Frontispices : fol. 3 *a*, 59 *a*. Demi-frontispices : fol. 15 *b*, 34 *b*, 43 *b*, 48 *b*, 53 *a*, 81 *a*, 108 *b*, 121 *a*, 127 *a*.

Mémorial, fol. 131 *a* : փառք անհաս երրորդութեն եւ
անճառելի միութեն, հաւր եւ որդւոյ եւ սրբոյ հոգւոյն
այժմ ։ Արդ եղեւ զրաւ տառիս որ անի աղաւթմատոյց
ի Թվականիս մերում ոՃդ . ի Թագաւորութեն տաճկաց
սուլթան Մահմետ տղայհասակ կայսեր եւ ի Հայրապետուե
Հայոց տն տէր Փիլիպպոս սրբանունդ կաթուղիկոսի ։
Զեռամբ բազմամեղ Թամուր դպրի. ի վայելումն նո-
րաբողբոջ պետրոս գպրի, նիւթ բարեգործութե, եւ
գործի արդարութե ։ Որով մեղաւորք արդարանան ։
Որով մարդկային բնութիւնք խառնին ի դասս հրեշտակաց ։ Որոց աղօթիւք որ աստ կան աստացեալ ի
սրբոց հայրապետացն՝ ողորմեսցի ծնաւղացն նորա, դա-
զարդսն եւ աղգապահին եւ ամ առու արեան մերձաւո-
րացն, եւ տացէ ուրախ սրտիւ վայելել զսա մինչ ի
ժմ ծերութե ամէն ։

TRADUCTION.

Gloire à l'inconcevable Trinité et à l'indicible Unité, au Père, au Fils et au Saint-Esprit, maintenant, etc.

Or, fut achevé ce livre qui s'appelle livre de prières (աղաւթմատոյց) en l'an ոՃդ = 1104 de notre ère (= 1655 J.-C.) sous le règne turc du jeune empereur le sultan Mahmet[1] et sous le pontificat arménien du seigneur Philippos[2], le sacré catholicos, par la main de Thamour, le scribe chargé de péchés, pour la jouissance du jeune dpir[3] Petros, objet de bienfaisance et instrument de justice; par lui, les pécheurs sont justifiés; par lui, les natures humaines se mêlent aux chœurs des anges. Grâce aux prières des saints évêques qui sont contenues ici,

[1] Mahomet IV, 1648-1687, avait moins de 7 ans, lorsqu'il succéda à son père Ibrahim, assassiné; la Porte, au milieu de grandes difficultés, luttait alors contre Venise.

[2] Le catholicos Philippos Albakechi monta sur le trône en 1633 et mourut le 25 mars 1655. La copie de ce manuscrit fut donc achevée dans les premiers mois de l'année 1655. Ce catholicos est un de ceux qui contribua le plus à la restauration de la cathédrale d'Etchmiadzin, après qu'elle eut été détruite, en 1604, par Shah Abbas Ier (cf. J. STRZYGOWSKI, *Das Etschmiadzin-Evangeliar*, p. 5).

[3] Ce mot, դպիր, signifie : «scribe, lecteur, clerc, enfant de chœur».

que [Dieu] ait pitié de ses parents, Lazaros et Azpahar, et de tous ses proches parents, et qu'il leur accorde de jouir de ceci d'un cœur joyeux, jusqu'à l'heure de la vieillesse. Amen.

ETCHMIADZIN.

CONSIDÉRATIONS SUR L'ORIGINE DU CHRISTIANISME

EN ARMÉNIE.

Je me suis rendu directement de Vienne à Etchmiadzin, en chemin de fer, en passant par Volocyska, Taganrog, Rostov-sur-le-Don, Derbend, Baladjary (Bakou), Tiflis et Alexandropol.

Je me proposais surtout, à Etchmiadzin, d'étudier les manuscrits les plus anciens de l'Évangile. Sa Sainteté Matthéos II, catholicos de tous les Arméniens, voulut bien m'autoriser, par l'aimable entremise du savant bibliothécaire du couvent, le R. P. Mesrop episkopos Tér Movsesean, à faire photographier intégralement le fameux évangéliaire d'Etchmiadzin, ms. 229 [1]. Les trésors manuscrits de ce couvent furent libéralement mis à ma disposition, et j'en profitai pour prendre d'abondantes notes, car le catalogue de ce précieux dépôt n'existe pas encore (fig. 3).

D'autre part, je ne pouvais manquer d'étudier la question encore si obscure des origines du christianisme en Arménie et de nombreux entretiens avec le savant si consciencieux, M. Galoust Tér-Mkrttchean, me révélèrent une conception nouvelle des origines de ce christianisme primitif.

Ce savant de haut mérite et profondément original, auquel l'état précaire de sa santé ne permet pas de publier comme il serait souhaitable, nous est apparu comme un vrai chef d'école; il expose volontiers le résultat de ses recherches et on en trouve l'écho, parfois anonyme, dans les ouvrages des jeunes travailleurs, qui, sans le citer, lui rendent au moins ce service de répandre ses idées dans le monde savant.

En ce qui concerne l'origine du christianisme en Arménie, le rôle prépondérant accordé à Albianos est une véritable trouvaille; on en lira un exposé assez complet dans l'ouvrage du Dr Erwand

[1] Cf. *infra*, p. 27 et suiv.

Ter-Minassiantz, *Die armenische Kirche in ihren Beziehungen zu den syrischen Kirchen bis zum Ende des 13. Iahrhunderts nach den armenischen und syrischen Quellen* ... (Leipzig, 1904), p. 13-16 et dans un ouvrage plus récent, de M. Adonts, paru en russe, Арменія вь зпоху Юстиніана, Saint-Pétersbourg, 1908.

ALBIANOS. ALPHABET ARMÉNIEN. TRADUCTION DE LA BIBLE.

L'histoire des origines du christianisme en Arménie est encore entourée de beaucoup d'obscurité, et, à part la mention de l'évêque Merujan, nous en sommes réduits à des hypothèses [1]. Parmi celles-ci, on doit choisir celle qui offre le plus de vraisemblance historique, quitte à la vérifier sur des documents extérieurs. Tel est le cas, en ce qui concerne le rôle et l'influence de l'évêque Albianos. Les historiens arméniens sont presque muets à son égard. Ayant exposé ce que nous croyons avoir été son rôle dans la formation de l'Église arménienne, nous devrons contrôler par des sources étrangères, syriaques ou autres, et voir si le résultat obtenu confirme l'hypothèse proposée.

Il semble bien que, avant Grégoire l'Illuminateur, le christianisme soit entré en Arménie par le Sud, par l'intermédiaire des Syriens. Sous la domination arsacide, l'Arménie avait des provinces méridionales dont la population mixte était surtout composée d'éléments araméens et arméniens; et ces différentes populations vivaient en bonne intelligence les unes avec les autres [2].

Ce christianisme venait de Palestine, en passant par Antioche; il n'était ni grec ni romain; c'est pour cette raison, selon toute vraisemblance, que l'on trouve chez l'écrivain arménien Eznik de Kolb (ive-ve siècle) une réfutation de la secte des Marcionistes. Désigner une branche du christianisme par le mot de secte est une façon de s'exprimer. Pour nous les sectes sont très importantes à étudier, parce qu'elles représentent souvent les formes les plus anciennes du christianisme; et la réfutation du marcionisme par Eznik en Arménie ainsi que la mention d'autres sectes peut mettre

---

[1] A. Harnack, *Mission und Ausbreitung des Christentums in den ersten drei Iahrhunderten* (2e édition, Leipzig, 1906), t. II, p. 166.

[2] D'après le témoignage des historiens latins, cités apud Théodore Reinach, *Mithridate Eupator, roi de Pont* (Paris, 1890), *passim*.

en Arménie sur la trace d'un christianisme plus ancien que le christianisme importé par l'élément grec [1].

L'unique donnée historique de cette période est, comme il a été dit plus haut, la mention de l'évêque Merujan [2], qui devait être arcruni, puisqu'il porte un nom arcruni; et nous savons que le domaine des Arcrunis était au sud de l'Arménie [3].

D'après Fauste de Byzance, le Tarôn était un centre religieux très important, où fut érigée la première église chrétienne; la population du Tarôn était également mixte; c'était un centre tout à fait indépendant de chrétienté arménienne, avec des formes syriaques.

Chez Agathange et chez Fauste de Byzance, un évêque occupe une place complètement à part, c'est l'évêque Albianos, qui était le chef de cette chrétienté avant Grégoire l'Illuminateur. Les écrivains arméniens, partisans de Grégoire, ont voulu subordonner Albianos à Grégoire [4].

La légende de sainte Sandoukht, de Sanadrouk et de saint Thaddée, concerne l'Église arménienne du Sud; tandis que l'Église de Grégoire l'Illuminateur est grecque, de Césarée de Cappadoce. Grégoire était le missionnaire d'une province de la Haute-Arménie, Erzeroum; toute sa vie et ses œuvres se sont passées là, et non à Etchmiadzin [5], il n'a aucun rapport avec la légende primitive de sainte Ripsimê, d'Etchmiadzin. La légende de la version arabe d'Agathange (publiée par le professeur Marr, de Saint-Pétersbourg) le montre comme le missionnaire d'Erzeroum, des Lazes, des Ibères (Géorgiens d'occident, dans l'Iméreth); au contraire les Géorgiens de l'Est (Tiflis) sont liés avec les Arméniens du Sud [6],

[1] Cf., sur cette importante question, Fred. C. Conybeare, *The key of truth, a manual of the Paulician Church of Armenia*. (Oxford, 1898), introduction.

[2] Eusèbe, *Hist. ecclés.*, VI, 46.

[3] Cf. H. Gelzer, *Die Anfänge der armenischen Kirche* (*Berichte über die Verhandlungen der könig. sächsisch. Gesellschaft der Wissenschaften zu Leipzig, Philolog. Hist. Classe*, 1895, I, II), p. 109 et suiv.

[4] Cf. l'édition arabe d'Agathange, publiée par le professeur Marr.

[5] Opinion personnelle à M. Galoust Tér-Mkrttchean, inédite, basée sur la liste des évêques du Fauste arabe, lesquels sont tous de la Haute-Arménie.

[6] M. Meillet, *Esquisse d'une grammaire comparée de l'arménien classique* (Vienne, 1903), p. xiii, arrive à un résultat analogue, par voie linguistique, sur l'ancienneté de l'arménien méridional.

par les légendes de sainte Nouné et de sainte Ripsimé. Ces légendes montrent un lien étroit entre Etchmiadzin et Tiflis d'une part, et, d'autre part, la parenté du christianisme de la Haute-Arménie, du Lazistan et de l'Iméréthie.

Pendant le ivᵉ et le vᵉ siècle, il y a concurrence entre ces deux maisons héréditaires, la maison de Grégoire l'Illuminateur et celle d'Albianos; celui-ci résidait à Mélazkert (Manazkert) [1], dans la région méridionale des montagnes qui lient le Bingueul à l'Ararat. Lorsque l'on veut étudier cette période obscure de l'histoire ecclésiastique de l'Arménie, il faut toujours avoir présente à la mémoire la rivalité entre les Grégorides et les Albianides, qui dura jusqu'à la fin du vᵉ siècle.

La maison de Grégoire l'Illuminateur et de ses successeurs tendait à rapprocher l'Arménie de l'Église catholique gréco-romaine. Ce fut l'œuvre de ses élèves de gréciser l'Église et la théologie arméniennes d'après la théologie pneumatique gréco-alexandrine.

La maison d'Albianos représente l'ancienne chrétienté arméno-syriaque. Tous les historiens de cette époque sont malheureusement de la même école, celle des disciples de Sahak; ils représentent les intérêts de la maison de Grégoire l'Illuminateur et de la théologie grecque. De l'autre école, celle d'Albianos, nous n'avons aucun représentant.

Au début du vᵉ siècle, l'église de Valaršapat devient le centre de l'Église arménienne; c'est alors, probablement, qu'on a fait l'essai de rattacher l'histoire de saint Grégoire à la légende locale de sainte Ripsimé à Valaršapat. L'importance du rôle de Grégoire l'Illuminateur grandit peu à peu; toutefois, ce n'est qu'au viiᵉ siècle que l'on construit une église portant son nom, dans la plaine de Valaršapat; c'est l'église de Zwarthnots (des anges) ou de saint Grégoire [2]. C'est probablement saint Mesrop Maštots qui a écrit Agathange Iᵉʳ; le texte, modifié au cours des âges, a contribué à agrandir le culte de saint Grégoire.

Saint Grégoire l'Illuminateur n'était pas de la maison arsacide. Ce n'est que dans la suite, pour le glorifier, qu'on lui donne cette épithète; elle se trouve chez Lazare de Pharbe; on ne la rencontre pas chez Fauste de Byzance.

[1] Cf. H. F. B. Lynch, *Armenia, travels and studies...* (London, 1901), t. II, p. 274-275.

[2] Cf. Agathange, *passim*.

Les Pauliciens[1] et quelques autres sectes arméniennes sont peut-être les descendants transformés de l'ancienne Église d'Albianos, qui avait comme centre intellectuel et religieux le Tarôn, tandis que Etchmiadzin devint le centre des Grégorides et de la royauté arménienne.

ALPHABET ARMÉNIEN.

La question de l'alphabet arménien est étroitement liée à celle de la version des saints livres en langue arménienne.

L'honneur de cette idée d'une version revient à l'Église d'Albianos, puisque l'un de ses représentants, l'évêque Daniel, probablement du Tarôn, fit les premiers essais (d'après Koriwn).

Plus tard, saint Mesrop reprend cette tâche et reconstitue l'alphabet. Nous ne savons pas encore sûrement s'il a subsisté une traduction de quelques parties des saints livres dans l'alphabet de Daniel; c'est assez vraisemblable pour les psaumes et les évangiles, qu'on lisait à l'office.

Une grande partie de l'Arménie, sous l'influence perse, connaissait et utilisait le syriaque comme langue d'église, ce qui nous laisse à penser que la première traduction de l'Évangile a été faite sur le syriaque et non sur le grec. D'ailleurs, les étudiants armeniens fréquentaient alors les centres intellectuels du Sud, Edesse, Nisibe, etc.

TRADUCTION ARMÉNIENNE DE LA BIBLE.

D'après Koriwn, elle fut faite sur le syriaque « hâtivement », et ensuite remaniée sur les exemplaires grecs apportés de Constantinople, après l'an 431 ou 432, traduction que l'on refit dans la suite[2].

Il y a un troisième essai de traduction du grec, plus strictement hellénophile, fait par les étudiants arméniens à Constantinople et

[1] Cf. KARAPET TER-MKRTTSCHIAN, *Die Paulikiäner im byzantinischen Kaiserreiche und verwandte ketzerische Erscheinungen in Armenien* (Leipzig, 1893).

[2] Cf. Artasches ABEGHIAN, *Vorfragen zur Entstehungsgeschichte der Altarmenischen Bibelübersetzungen*... (Marburg i. H., 1906).

à Alexandrie; ils étaient mécontents de la traduction de saint Sahak et de saint Mesrop [1].

En étudiant le texte de la Bible, il faut toujours avoir en vue cette question du renouvellement graduel des versions; il faut chercher les moindres variantes qui ont échappé aux correcteurs grecs, et qui doivent faire retrouver l'original syriaque.

La question, à la vérité, se complique, car les Syriens ont corrigé leur texte plusieurs fois sur le grec, en vue d'une unification aussi parfaite que possible des différentes leçons du texte biblique [2].

Si l'on rencontre dans la version arménienne quelques formes syriaques, et qu'on ne les trouve plus dans le syriaque que nous avons, il faut conclure que ces leçons existaient dans un texte syriaque antérieur, qui ne s'est pas conservé ou qui a été lui-même corrigé sur le grec [3].

DE QUELQUES VARIANTES

UTILISÉES DANS L'ÉTUDE DE LA VERSION ARMÉNIENNE DE L'ÉVANGILE

(ORIGINAL SYRIAQUE OU GREC).

J'indiquerai ici, sommairement, quelques-unes des variantes examinées au point de vue mentionné dans le paragraphe précédent : la version arménienne, faite sur le syriaque, a été hellénisée au cours des siècles, au point que, dans sa teneur actuelle, on la croirait traduite directement sur le grec. La forme des noms propres arméniens recouvre la forme des noms propres grecs; à un aoriste grec correspond un aoriste arménien, etc.

Le roi d'Arméno-Cilicie, Héthoum (1224-1270), introduisit dans le texte arménien de l'Évangile des corrections prises dans le

---

[1] Cf. GALOUST TÊR MKRTTCHEAN, *Timothéos Kouzi Hakadjarouthean...* (Valaršapat, 1908), p. 18 et suiv. (en arménien, extrait de la Revue *Ararat*, 1908, p. 564-589).

[2] Voir l'article de Wright sur la littérature syriaque, traduit en russe et amplifié par Kokovtseff. — C'est ainsi que Rabboula, évêque d'Edesse († 435), est l'auteur d'une version syriaque du N. T. faite sur le grec (Rubens DUVAL, *La littérature syriaque*, [Paris, 1899], p. 48).

[3] Sur l'ordre présumé des anciennes versions syriaques : Sinaïtique, Curetonienne, Peschitto, ou Curetonienne, Sinaïtique, Peschitto, cf. Rubens DUVAL, *La littérature syriaque* (Paris, 1899), p. 52-53.

— 25 —

texte de la Vulgate latine; à partir du xiiie siècle, les manuscrits arméniens de Cilicie eurent une grande vogue; dans toute recherche relative au texte de l'Évangile arménien il faut donc choisir des manuscrits antérieurs à l'époque cilicienne.

Nous désignons par les lettres suivantes les manuscrits collationnés en Arménie :

A = Etchmiadzin 23 (*infra*, p. 37 et suiv.);
B = Etchmiadzin 363 (*infra*, p. 40 et suiv.);
C = Etchmiadzin 362 (*infra*, p. 41 et suiv.);
D = Etchmiadzin 369 (*infra*, p. 45 et suiv.);
E = Etchmiadzin 260 (*infra*, p. 50 et suiv.);
F = Etchmiadzin 257 (*infra*, p. 59 et suiv.);
E 229 = Etchmiadzin 229 (*infra*, p. 27 et suiv.).

Matthieu, xxvii, 17. — *Texte grec*[1] : τίνα θέλετε ἀπολύσω ὑμῖν, Βαραββᾶν ἢ Ἰησοῦν τὸν λεγόμενον Χριστόν;

Texte syriaque sinaïtique[2] : « Whom will ye that I release unto you? *Jesus* Bar-Abba, or *Jesus* who is called the Christ? »

Autre texte syriaque[3] : « Quem vultis ut solvam vobis? Bar Abbam an Jeshuam qui vocatur Christus? »

Texte arménien : զո՞ կամիք յերկուց ատտի՝ զի արձակե֊ ցից ձեզ, զՅեսու[4] Բարաբբա՝ եթէ զՅիսուս զա֊ նուանեալն քրիստոս :

« Lequel de ces deux-là voulez-vous que je vous relâche, Yesou Barabba, ou Yisous nommé Christos? »

Le texte arménien se rapproche du sinaïtique; pour éviter

---

[1] Les citations grecques sont données d'après *Novum Testamentum graece...* éd. Tischendorf. Editio octava maior (vol. I), (Lipsiæ, 1872), in-8°.

[2] *Some pages of the four gospels*, re-transcribed from the sinaitic palimpsest, with a translation of the whole text, by Agnes Smith Lewis (London, 1896), in-4°.

[3] *Tetracuangelium sanctum* juxta simplicem Syrorum versionem ad fidem codicum, massoræ, editionum.... edidit Georgius Henricus Gwilliam... (Oxonii, 1901), in-4°, p. 180-181.

[4] Var. C. զեսու բարաբբա.

— 26 —

l'homonymie des deux personnages, il transcrit *Yesoa* le nom de Barabbas et *Yisous* le nom du Christ[1].

MATTHIEU, XXVIII, 18. — *Texte grec :* καὶ προσελθὼν ὁ Ἰησοῦς ἐλάλησεν αὐτοῖς λέγων · ἐδόθη μοι πᾶσα ἐξουσία ἐν οὐρανῷ καὶ ἐπὶ γῆς.

Texte syriaque sinaïtique s'arrête à MATTH., XXVIII, 7.

Autre texte syriaque[2] : Et accessit Jeshua, locutus est cum eis, et dixit eis : Data est mihi omnis potestas in cœlo et in terra, *et sicut me misit Pater meus, mitto vos.*

Texte arménien : Եւ մատուցեալ Յիսուս խօսեցաւ ընդ նոսա եւ ասէ· տուաւ ինձ ամենայն իշխանութիւն յերկինս եւ յերկիրի[3]. որպէս առաքեաց զիս Հայր[4], եւ ես առաքեմ զձեզ:

L'arménien, comme le syriaque, ajoute : «Comme ^{mon} père m'a envoyé, moi aussi je vous envoie».

MARC, VII, 26. — *Texte grec :* ἡ δὲ γυνὴ ἦν Ἑλληνίς, Συροφοινίκισσα τῷ γένει...

Texte syriaque sinaïtique : That woman was a widow[5], from the borders of Tyre of Phœnicia.

Autre texte syriaque[6] : Illa autem mulier gentilis erat ex *Punike Suriæ...*

Texte arménien : Եւ կինն էր հեթանոս, փիւնիկ ասորի յազգէ...

Le texte arménien concorde avec le texte syriaque.

[1] Dans le texte syriaque de la Sinaïtique et de la Curetonienne, on a Jésus Bar Aba, tandis que la Peschitto porte seulement Bar Aba; cf. Rubens DUVAL, *La littérature syriaque...* (Paris, 1899), p. 54.

[2] Ed. Gwilliam, p. 194-195.

[3] Var. C. : յերկիր.

[4] Var. C. Հայր իմ «mon père».

[5] En marge : there the shortening of one letter would give us «heathen» (païenne) instead of «widow».

[6] Ed. Gwilliam, p. 242-243.

— 27 —

Nous limiterons à ces quelques exemples les variantes de texte que l'on peut invoquer pour déterminer l'original grec ou syriaque, sur lequel fut exécutée la version arménienne de l'Évangile. Il relève d'un travail plus étendu de traiter la question d'ensemble et de formuler des conclusions fondées sur l'examen de chaque variante.

Dès à présent on est en droit de formuler les résultats acquis, en prenant surtout en considération le témoignage de Koriwn et de Lazare de Pharbe [1] :

a. L'évangile arménien fut traduit sur un texte syriaque très ancien.

b. Cette version fut revisée sur le grec par Sahak et Mesrop.

c. Elle fut revisée une deuxième fois sur le grec des manuscrits apportés de Constantinople, après 432.

d. Elle le fut une troisième fois, au viᵉ siècle, par les hellénophiles.

LE MS. 229 D'ETCHMIADZIN ET SIX AUTRES MANUSCRITS ARMÉNIENS,

DE LA MÊME COLLECTION, COLLATIONNÉS PAR RAPPORT À CELUI-CI.

Manuscrit Etchmiadzin 229 (an 989 de J.-C.).

Les quatre évangiles. Parchemin ; 233 feuillets à deux colonnes ; il y a 2 feuillets foliotés 156 ; du deuxième j'ai fait le folio 156 *bis.* Écriture erkathagir ; 35 × 28 centimètres.

Au fol. 8 v°, un premier mémorial, en écriture bolorgir, porte :

1 *յանուն այ եւ որիր որիկին (?) ադախին [թի]*
2 *միաբանեցայ որ նախավկիս այլկե (?)*
3 *եւ որիկնաց ադախին թի միաբանեցայ*
4 *նախավկայիս յայս ուրէ ՛ի Հետ գինէ մեր*
5 *կարողութի լինի ծառայութի առն*
6 *Ենք սրբոյս գրեցաւ յիշատակ :*

[1] Cf. Artasches ABEGHIAN, *Vorfragen zur Entstehungsgeschichte der altarmenischen Bibelübersetzungen...* (Marburg i. H., 1906), in-8°.

TRADUCTION.

1, Au nom de Dieu, moi Tirtikin (?), servante [du Christ]
2 Je suis devenue membre de la communauté de ce saint proto-
     martyr...
3 Moi, Tiknats, servante du Christ, je suis devenue membre
4 de ce protomartyr, à partir de ce jour, tant que nous
5 le pourrons, nous assurerons le service à
6 ces saints. — Fut écrit en mémorial.

Le mot qui commence par *Tir*..., à la première ligne est difficile à lire. On pourrait supposer un mot comme *Tiramayr* « mère de
prêtre » ou *Tirouhi*. Le texte (ligne 6) porte bien : *ces saints*. Dans
chaque église arménienne, il y a trois autels ; celui du milieu est
consacré à Dieu ou à la Trinité ; les deux autres à des saints.

Au même folio, un deuxième mémorial ; en écriture erkathagir :

1 ի Թուականութեանս Հայոց ։ ո̄իբ ։ եւ ի տէր
2 ութեան․ Աթաբակ Ալդկզին․ եւ ի Հայր[ապետ]
3 ութեանս Գրիգո[րա]յ․ եւ գուրձի որդ
4 ի Վահրամայ գնեցի յիմ հալալ ընչից
5 զսբ զաւետարանս․ եւ տուի ի մեծ ահոս
6 ոյ վանքս Մաղարդիս ի ս̄ր̄ նախախայվկա․
7 յ․ ի յիշատակ ինձ եւ ծնողաց իմոց․ որ
8 դոց իմոց․ եւ ամուսնոյն իմոյ․ արդ աղ
9 աչեմ զաﬔնեսեան ով տածասէր քաՀանա
10 յք ։ յորժամ ընթեռնոյք զսբ աւետարա
11 նս առաջի սբ խորՀրդոյն զիս եւ զծն
12 ոդս իմ եւ զորդիս իմ․ եւ զամուսին իմ․ յ
13 իշեսջիք առաջի զենմանն քի ։ եւ որ ած
14 յիշողացդ ողորﬔսցի աﬔն ։ եւ ես որ
15 ստեփաննոս գրեցի եթէ ոք Հեռացուց
16 անէ զսբ զաւետարարանս (sic) իսք ուխտէ ս․
17 կամ գրաւականելով կամ ծախելով․ այն
18 պիսին նզովի ։ ՅԺԲ Հայրապետացն․ կատ
19   արիէք Հրամանաց աւրՀնեալ եղ
20   ից ին ։

TRADUCTION.

En l'année arménienne 622 (= 1173 J.-C.), et sous la domination de l'atabak [1] Altkiz (= Eltkouz) [2], et sous le patriarcat de Grigor [3], moi Gourdzi, fils de Vahram, j'ai acheté de mon avoir bien gagné ce saint évangile et je l'ai donné à ce très renommé monastère de Małard [4], au Saint Proto-martyr, en mémoire de moi et de mes parents, de mes fils et de mon épouse. Donc, je vous prie tous, ô prêtres théophiles, quand vous lirez ce saint évangile devant le saint mystère, rappelez moi et mes parents et mes fils et mon épouse, devant l'immolation

[1] Forme arménienne du mot atabek = premier ministre, grand vizir, régent de l'État pendant une minorité; cf. DULAURIER, in *Recueil des historiens des croisades, documents arméniens* (Paris, 1869), I, p. 835, *s. v.* Atabek. — Ne pas en faire un nom propre, comme dans J. MOURIER, *L'art au Caucase* (Bruxelles, 1907), 2ᵉ éd., p. 81.

[2] L'atabek Schems-eddin Ildiguiz (Eldigouz), gouverneur de l'Aderbeidjan et du Kurdistan, fonda la dynastie des atabeks de l'Aderbeidjan vers 1136; cette dynastie fut détruite en 1225 par les Kharizmiens (*Recueil des histor. des croisades, documents arméniens*, I, p. 351 et 436). — Cf. *The history of the Atabeks of Syria and Persia*, by... MIRKHOND, now first edited from the collation of sixteen mss. by William H. MORLEY... (London, 1848), p. 10 et suiv. — H. F. B. LYNCH, *Armenia* (London, 1901), I, p. 366. — M. Clément Huart, professeur de persan à l'École des langues orientales vivantes, a bien voulu traduire pour nous le passage de Mirkhond, relatif à Eltkouz (Ildigouz) et corriger lui-même les épreuves de sa traduction. Voir, plus bas, p. 34, la *note complémentaire*.

[3] Grégoire IV, surnommé l'*Enfant* (*Ուղայ*), fils de Vasil, frère de Nersès IV, occupa le siège pontifical de 1173-1193.

[4] Ce couvent se trouve dans le canton de Nakhidjevan, à deux heures de la ville du même nom, près du village de Darachiam, ou Shamp. Autrefois, avant le VIIIᵉ siècle, ce canton appartenait à la province de Vaspourakan; mais, après la destruction de l'église de Nakhidjevan et l'assassinat des princes arméniens dans l'église même, en 705, ce canton a passé dans la province de Siunik (Sisakan); INDJIDJIAN (*Géographie de l'Arm. ancienne*, p. 217 et suiv.) met dans la province de Vaspourakan ce canton qui est localisé par ALISHAN (*Sisakan* [Venise, 1893], p. 514 et suiv.) dans la province de Sisakan. — On ne connaît pas la date de la fondation de ce couvent, mais, en 976, l'évêque Babgen l'a reconstruit et le roi Ašot Ołormadz assista à la dédicace. Ce couvent possède beaucoup de reliques des saints et est un lieu de pèlerinage, même pour les non-chrétiens. — En 1848, Nersès Catholicos, lors de sa visite dans ce couvent, trouva environ 40 manuscrits et les fit transporter à Etchmiadzin; de ce nombre était le n° 229, dont nous nous occupons, et qui fut au couvent de Małard, de 1173-1848. Cf. ALISHAN, *Sisakan*, p. 204, 514 et suiv.

du Christ. Et le Seigneur Dieu soit miséricordieux à vous qui rappelez. Amen. Et moi, Tér Stephannos, j'ai écrit [ceci]. Si quelqu'un éloigne ce saint évangile de ce saint monastère, le mettant en caution ou en vente, celui-là soit maudit des 318 patriarches [du concile de Nicée]; ceux qui accomplissent ces ordres, soient bénis.

Le mémorial de copie occupe les feuillets 230-231.

Fol. 230 recto.

Col. A.

Յիշատակարանն

1 Իմանալի լուսով սր_
2 տափայեալ աճրն_
3 կալ սրբոյն միտք
4 գերախոհ մակերեւ_
5 ութեամբ արփիա_
6 Հրաշ եւ ծայրագոյն
7 լուսոյն անճառ ճառա_
8 գայթիւք գերափայ_
9 լեալ ի մտորինոս եւ
10 ի գերագոյն ։ Յի_
11 մանալին եւ ի դդա_
12 լիս · գոր եւ իմն մյա_
13 կաւոր եւ Հարագատ
14 մաքրութեամբ մարմ_
15 նոյ եւ խաշակիր նմա_
16 Հատակութեամբ
17 թողեալ զՀայրե_
18 նականն չքեդաչքու_
19 Թիւնն քանոնն կրաւ_
20 նից միանձանց եւ_
21 դեալ յերկրի վանն_

Col. B.

1 մարմնոցն բերեալ աւ_
2 բինակ · նոցին եղեւ
3 Հաղորդ · թողլով
4 յերկրի խրայոցա ա_
5 շակերտնելոց ։ աւրի_
6 Նակ գնացից կենաց
7 պողոտային · եւ ման_
8 դուդս ի վերինն սիովն ·
9 զանուանեալ նորս ·
10 վանս · Հիմնարկե_
11 ալ ի սմա գլկայարան
12 նոյնանունն իւր սր_
13 բոյ նախատակային
14 մտեփաննոսի ։
15 Իսկ եւս յետոյն եւ ամե_
16 նանուատ մտեփան_
17 նոս մոլորական կրաւ_
18 Նաւոր եւ անարժան
19 քահանայ նորին ա_
20 շակերատ եւ եղբաւրոր_
21 դի · ոչ բատ նորին

Fol. 230 verso.

Col. A.

1 աւրինակի · այլ յոյժ
2 մեղուցեալ · որ թե_
3 պետ եւ բատ սին եւ
4 մնոտի խաբկանաց
5 կենցաղոյս Հայկազ_
6 նեա գող ատեին յիս,
7 այլ եմ բատ ճշմարի_

8 տութժեանն որում
9 Եւն վկայեմ ինչ ան
10 Նշան եւ վաթժար
11 եւ յետին քան գամէ
12 Նայն մարդիկ ընտ
13 չար գործոց եւ անու
14 դայ գնացից իմոց .
15 սակայն քրիստոնեա
16 դող եւ գինք արեան
17 մեծին այ Հի քի ոչ
18 ուրանամ զիա ։
19 Եւ այրդ մեծառ մատիկ
20 մանմի ցանկացյայ
21 գրել զխանանիայլ

Col. B.

1 չորեքծանկեան գՀո
2 զերուղս տառս սրբոց
3 աւետարանչացս . ի
4 զարդ զերարդի վայ
5 Եղութեան եկեղեցւոյ .
6 ի սմա պարելոյ մանկա
7 նց նոր ստուննի . ա
8 զերս թախանձանաց
9 առ ամենեսին Հառա
10 չազին Հայցմամբ
11 պաղատանաւք առաջի
12 արկանելով զգուտ սի
13 րոյն քի . որք ընթեռ
14 Նուք զսա եւ ձեռնա
15 տարած Համբարձ
16 մանմի առաջի գենրո
17 ին քի վայելէք ի սեղան
18 աննմահ արքայինն . ո
19 դորմնգութ գործով

20 մամի յիշմանն ար
21 ժանի տրասոջիք զտար

Fol. 231 recto.

Col. A.

1 ժանեալ մեղաւք զՀոգի
 իմ ։
2 Ու արդ մի ոք իշխեսցէ
3 ի բանէ՛ն այ Հեռացա
4 նել (sic) զտա իւիք պա
 տճա
5 ռանաւք ի նորանխ
6 նից սուրբ եկեղեցւոյ ,
7 եւ թէ ոք յանդգնի ո
8 ոշել կացս աւետա
9 բանս ի սուրբ խորանէս
10 յամշտակողն ի վա
11 ռաց որդւոյն այ որ
12 շեալ լիցի իւր սատա
13 Նայ նգովեալ յոգի
14 եւ ի մարմին ընդ ան
15 Հաւատ վերդանակողող
16 տան եղիցի դատա
17 պարտեալ յորդւոյն այ ։
18 Ու դա լիցին Համա
19 պազ ընթերցեալ ի
20 սուրբ եկեղեցւոջա ,
21 զէ յատոյգ ի Հին

Col. B.

1 յաւրինակաց գրեցաւ
2 նոյն անէ ծքդ կացցէ ի
3 վերայ այնոցիկ ոք
4 անփոյթ առնեն զՀրա
5 մայեայս առ յինէն ։

6 Ոչ գրեցաւ յամի Թուոյ	9 ՉԻԲ ։ յիսմայէլդա-
7 Հայագանց ։ ՆԼԲ ։ եւ	10 կան բոնակալութե-
8 ըստ Թուոյ Հոռոմի	11 անն ։ ՅՀԺ ․․․

✝ ՏՆ ստեփաննոսի է սուրբ աւետարանս. Յովաննէս
գրեցի յիշեցէք ։

TRADUCTION.

Fol 23o, col. *a* : «L'esprit supérieur du saint, accordé par Dieu,
rayonnant par la lumière intelligible, à la ressemblance de la suprême
lumière flamboyante, s'irradiant en d'indicibles rayons ^dans^ les [êtres]
inférieurs et les supérieurs, ^dans^ les spirituels et les matériels; avec
quoi, en une véritable et royale pureté de corps, et en un martyre porteur de croix, en quittant la pompe paternelle, devenant sur terre la
norme de conduite des ascètes (fol. 23o, col. *b*) en reproduisant l'image
des [êtres] immatériels, il s'assimila à eux en laissant sur terre, à ses
disciples, pour exemple de marche dans l'avenue de la vie et comme
échelle vers la Sion d'en haut, ce couvent nommé Nor[a]vankh [1], en y
fondant une chapelle commémorative au nom de son homonyme, saint
Stephannos, le proto-martyr.

« Et moi, dernier et très vil Stephannos, religieux égaré et indigne
prêtre, son disciple et son neveu, non point semblable à lui, mais (fol.
23o v°, col. *a*) grand pécheur; et quoique, d'après les vaines et futiles
apparences de ma vie, on disait que je suis Arménien [2]; selon la vérité,

[1] Ce mot signifie *nouveau monastère*; dans la province arménienne de Sisakan, il y avait cinq monastères portant ce nom. Le premier, dans le canton de
Vaïotz dzor, près du village d'Amalou (Noravankh d'en bas) [p. 184-2o3]; le
deuxième dans le canton de Vaïotz dzor (Noravankh d'en haut), près du premier (p. 2o3); c'est peut-être celui où fut copié notre évangile; le troisième,
Noravankh du canton Gelakhounikh (p. 75); le quatrième, Noravankh de
Balkh (p. 278), construit au xe siècle, en 936, par le prêtre Étienne, de la
famille Sisakan; le cinquième, Noravankh, localité inconnue, mentionnée dans
quelques mémoriaux de manuscrits. — Les pages indiquées dans cette note
renvoient à Alishan, *Sisakan* (Venise, 1893).

[2] «Arménien» est employé ici dans le sens de «chrétien»; ceci rappelle une
définition du catéchisme arménien : «D. Toi, qu'es-tu? — R. Je suis vraiment
Arménien chrétien. — D. Quelle raison as-tu de dire que tu es Arménien chré-
tien? — R. Ma raison de dire que je suis Arménien chrétien est que je suis
Arménien de nation et chrétien de religion. (դու ինչ ես. — ես ՞չմարիտ
Հայ քրիստոնեայ եմ. — Հայ քրիստոնեայ ըսելուդ պատճառն ինչ է. —
Հայ քրիստոնեայ ըսելուս պատճառն այն է որ, ազգաւ Հայ և կրօնքով

que j'atteste moi-même, je suis obscur et mauvais, et plus bas que tous les hommes, à cause de mes mauvaises actions et de ma conduite incorrigible. Mais je ne nie pas que je suis chrétien, racheté par le sang du grand Dieu Jésus-Christ.

«Or, j'ai désiré, avec grande passion, copier les écritures sublimes, à quatre pointes [1] (fol. 230 v°, col. *b*) des quatre évangiles pour le magnifique et splendide ornement de l'Église, et des enfants de la nouvelle Sion, qui s'y réunissent en chœur.

«Je vous supplie tous et je vous conjure, en soupirant et en pleurant, au nom de l'amour du Christ, vous qui lirez ceci, et qui, en élevant les bras devant le Christ sacrifié, goûterez à la table de l'immortel roi, avec une charité miséricordieuse, rendez digne d'être mentionnée (fol. 231, col. *a*) mon âme accablée de péchés.

«Et maintenant, que personne n'ose éloigner ceci [de la demeure] du verbe de Dieu, sous un prétexte quelconque, de cette sainte église de Noravankh. Et si quelqu'un se permet de séparer cet évangile de ce saint autel, que l'usurpateur soit séparé de la gloire du fils de Dieu, et que, comme le diable, maudit dans l'âme et dans le corps, il soit, avec les sacrilèges impies, condamné par le fils de Dieu.

«Et qu'on lise ceci continuellement dans cette sainte église, car il fut copié d'après des exemplaires anciens et exacts (fol. 231, col. *b*).

«Que la même malédiction soit sur ceux qui négligent ce que je viens d'ordonner.

«Et ce [manuscrit] fut copié en l'an 438 de l'ère arménienne, et en l'an 742 de l'ère grecque (ou romaine), et en l'an 379 de la tyrannie ismaélite [2].

քրխատունեայ եմ.) — Cf. Ուսումն քրխատունեական Հաւատոյ ըստ վարդապետութեան Հայ. առաքելական Ս. եկեղեցւոյ... յօրինեաց Սահակ Ա. Խանձեան... Constantinople, 1900, 4e éd., p. 11.

[1] Allusion aux quatre évangiles; cf. Dr J. STRZYGOWSKI, *Das Etschmiadzin-Evangeliar*... Wien, 1891, p. 19, n. 1.

[2] Le Dr J. Strzygowski (*Das Etschmiadzin Evangeliar*, p. 19-20) fait observer que ce synchronisme, donné par le copiste, est inexact et que la date arménienne indiquée ne correspond ni à la date grecque ni à la date arabe; et il cherche dans un autre domaine la solution de cette question. — Point n'est besoin de contrôler ce synchronisme par ailleurs, et le copiste arménien était parfaitement au courant des computs étrangers : 1° pour l'ère grecque, le texte porte... *Thuoy horomi*; au lieu de prendre l'ère des Martyrs, il faut prendre l'ère de la fondation de Rome, deuxième millénaire, qui commence en 248-249 après J.-C. D'où 742 + 248 — 1 = 989; 2° pour certains écrivains ou copistes arméniens, l'ère des Arabes commence à la prédication de Mahomet, en 610, et non à la date de l'Hégire, 622. D'où 610 + 379 = 989. — Pour plus de détails, voir Ed. DULAURIER, *Recherches sur la chronologie arménienne*... (Paris, 1859), I, p. 210 et suiv., et ALISHAN, *Sisakan* (Venise, 1893), p. 204, n. 1.

« Ce saint évangile est à Tér Stephannos. Moi, Yovannès, j'ai écrit.
Mentionnez-moi. »

NOTE COMPLÉMENTAIRE

RELATIVE À L'ATABEK ELTKOUZ (= ILDIGOUZ « ÉTOILE »).

Mîrkhond, *Rauzat oç-Çafâ,* éd. lithogr., t. IV, p. 171 (traduit
par M. Clément Huart). — *Histoire des Atabeks de l'Azerbeidjan,
dont le premier est Ildigouz* [supra, p. 29, n. 2].

Les raconteurs d'histoires ont dit que dans la province du Qyptchaq
il est d'usage que quiconque achète quarante esclaves à la fois, on
retranche du total le prix d'un esclave, que l'on ne réclame pas
de l'acheteur. Du temps du sultan Seldjoukide Mas'oûd, un négociant acheta dans cette même province quarante esclaves, au
nombre desquels se trouvait Ildigouz. Le vendeur, qui ne le con-
sidérait pas comme entrant en ligne de compte, n'en réclama pas
le prix à l'acheteur.

Le négociant, avec les autres marchands qui étaient en sa
compagnie et s'étaient rendus avec lui dans ces contrées éloignées,
revint de la steppe du Qyptchaq et installa les esclaves dans des
voitures. Par suite de l'extrême chaleur, la caravane s'arrêtait pendant le jour et parcourait une certaine distance pendant la nuit.
Par hasard, une nuit, Ildigouz, qui était en bas âge, vaincu par le
sommeil, tomba deux fois de la voiture, et le négociant ordonna
de l'y replacer chaque fois. A la troisième reprise, le marchand,
considérant qu'il n'avait rien payé pour lui et qu'en outre il n'était
pas beau, décida de l'abandonner. Or, cette même nuit, Ildigouz
revint de lui-même retrouver le marchand, qui s'étonna que, si
jeune, il ait pu parcourir tant de chemin.

Lorsqu'on fut arrivé dans l'Irâq ['Adjémî], le marchand conduisit ses quarante esclaves à l'audience du ministre du sultan
Mas'oûd, et ce ministre ordonna à son intendant d'acheter ces esclaves. Ildigouz ne plut pas à l'intendant, qui acheta le reste des
esclaves [mais non lui]. Ildigouz se mit à pleurer et s'écria : « Si
l'intendant du ministre avait acheté ces esclaves pour la satisfac-
tion de son cœur, il aurait fallu qu'on m'achetât aussi pour la satis-
faction du souverain juste ». Cette parole fut rapportée au ministre,
qui donna l'ordre de le comprendre également dans l'achat.

Ildigouz rendit des services qui plurent et acquit entièrement la
confiance du ministre. Lorsque les sicaires ismaéliens [les Assassins]

assassinèrent le ministre et que les biens laissés par lui entrèrent dans la propriété personnelle du sultan Mas'oûd, celui-ci confia Ildigouz à l'émir Nacr pour qu'il procédât à son éducation et qu'on lui enseignât l'équitation. En peu de temps, le jeune homme dépassa ses compagnons et fut incorporé dans la cavalerie d'un émir qui commandait aux cuisines royales. A cette époque-là, les troupeaux de moutons étaient tellement nombreux et les cuisines fournies si abondamment, qu'on ne se préoccupait pas des têtes et des abatis du mouton, tels que la graisse des entrailles. Par hasard, le maître d'hôtel dut s'absenter de la cour pendant quelques jours et fut remplacé par Ildigouz, qui ordonna d'apporter les têtes et abatis de mouton à la cuisine. Bref, lorsque le maître d'hôtel, ayant terminé ses affaires, revint et vit de la part d'Ildigouz des mesures semblables à celle-là, il en fut étonné, les approuva et en fit rapport au sultan.

La renommée d'Ildigouz s'accrut, et la femme du sultan Mas'oûd, mère de Toghrul, lui réserva sa faveur; Ildigouz se montrait au sultan sous les apparences et la couleur qui plaisaient à son goût. Entre autres, les émirs et les ministres luttaient entre eux pour la préséance, et cette situation était arrivée à un point tel qu'arrivés au pied du trône impérial [dans les cérémonies], ils n'attendaient pas que le grand-chambellan leur fixât à chacun la place qui leur revenait, et ils se disputaient entre eux à propos des rangs; ils se prenaient même aux mains et au collet.

Sur les instructions de l'épouse du sultan, Ildigouz se coiffa d'un bonnet de castor et, se tenant à l'endroit où l'on dépose les chaussures, se tint à l'écart des disputes et des inimitiés. Cette idée plut au sultan. D'autre part, la mère de Toghrul conseillait toujours au sultan d'envoyer Ildigouz dans les provinces, à la tête d'une armée, parce que, disait-elle, la conquête d'un pays qui paraîtrait difficile aux autres émirs sera pour lui chose aisée. Le sultan, de son côté, voyait les traces de la bravoure et de l'intelligence sur le front du jeune homme. Finalement, le sultan Mas'oûd l'envoya, avec une troupe, dans la direction de l'Arrân, et Ildigouz, en peu de temps, conquit entièrement l'Arrân, Guendja, le Chirvan, Bakou. Il se comporta de telle façon à l'égard de l'armée et des sujets, que tout le monde éprouva de l'affection pour lui. Plus s'élevait le drapeau de la fortune d'Ildigouz, plus il montrait de modestie et d'humilité.

On dit à quelqu'un : « Si tu as pour ta part l'empire, que feras-tu ? » Ce quelqu'un répondit : « C'est lui qui me dira ce que je dois faire ».

Le sultan Mas'oûd, vers la fin de sa vie, se rendit à la chasse. Un lion sortit d'un hallier et marcha droit au sultan ; il se jeta sur son cheval, et le sultan tomba par terre. Le sipah-sâlâr As'ad d'Ispahan lutta avec le lion et réussit à tuer cette bête nuisible. Les khalifes Abbassides n'agissaient pas honnêtement à l'égard du sultan ; ils séduisaient les médecins pour que ceux-ci trahissent [leur maître] dans le traitement. Aussi la maladie s'augmentait de jour en jour. La mère de Toghrul conduisit le sultan à Hamadan pour profiter de la bonté du climat de cette ville ; mais finalement, le sultan ne sauva pas sa vie de la maladie.

Alors, la plupart des fonctionnaires se dispersèrent ; Palâs-poûch se rendit à Mérâgha, Chîrguîr, à Ebhèr, Qâïmaz, à Qoumm. Ildigouz, qui était le plus puissant des ministres, fit venir, d'accord avec les autres grands, le sultan Toghrul, fils de Mas'oûd, de Rouyîn-Diz et l'établit sur le trône. Il demanda en mariage la mère de ce prince, qui avait la haute main sur la totalité des provinces ; et quant à Toghrul, se contentant du nom de roi, il remit la conduite des affaires entre les mains d'Ildigouz.

Or, celui-ci se fatigua de lui, car cette femme avait pris pour signe distinctif la tyrannie et le commandement. Il voulut déposer Toghrul et mettre à sa place le fils de celui-ci, Arslan ; mais par crainte de la mère de Toghrul, il n'exécuta pas ce projet. A la mort de cette femme, l'atabek Ildigouz prit Toghrul et l'envoya dans une forteresse ; il fit venir son fils Arslan de la forteresse de Tekrit et demanda en mariage sa mère Nârendj-Khâtoun. Finalement, on ne sut pas ce qu'il était advenu de Toghrul.

L'auteur de ces lignes dit que l'atabek Chems-ed-dîn Ildigouz avait installé Toghrul sur le trône de l'empire, et qu'ensuite il s'empara de lui, contrairement à ce qu'on dit en général ; mais ce sur quoi l'on est d'accord, c'est qu'Ildigouz épousa la mère du sultan Arslan, fils de Toghrul, et mit sur le trône ce prince. L'atabek Mohammed Djéhân-Pehléwân et Qyzyl-Arslan naquirent de la mère du sultan Arslan.

Lorsque l'atabek Ildigouz demanda en mariage la mère du sultan, les émirs qui commandaient aux frontières et ceux des différentes régions obéirent à ses ordres. L'atabek, la plupart du temps, les mains croisées à la hauteur de la ceinture, se tenait debout devant le trône d'Arslan, qui n'entamait aucune affaire sans son approbation, ou plutôt qui laissait la direction des affaires, grandes ou petites, à son gouvernement, et se contentait d'une dignité nominale.

L'atabek Ildigouz, marchant à côté de l'étrier royal, eut plusieurs fois l'occasion de combattre l'atabek Palâs-pouch, Inandj, les rois de la Géorgie; il les mit tous en déroute.

Certains annalistes disent qu'Ildigouz tomba malade pendant la campagne de Géorgie, qu'une épidémie considérable s'abattit sur son camp, qu'il décida de revenir et qu'il mourut à peine arrivé à Nakhtchévan. Arslan, après sa mort, se rendit à Hamadan et y trépassa. Il est écrit, dans le *Tarîkh-i Gozîdè* [de Ḥamdollah Mostaufî], qu'en 568 hég. (1172-1173), la mère d'Arslan mourut, et qu'Ildigouz la suivit le même mois. [Cf. éd. et trad. G. Gantin, p. 303.]

Manuscrit Etchmiadzin 23 G (an 1045 de J.-C.).

Les quatre évangiles. Parchemin; 244 feuillets à deux colonnes; écriture en gros erkathagir; 34 × 28 centimètres. Provient de la collection de l'archevêque Karapet de Tiflis. Au fol. 243, une note, sur papier, nous apprend que le nommé Ayvaz, de Kan (*կանցի այ-վաղ*), restaura ce manuscrit. Kan est un village près d'Erzeroum; Karapet était d'Erzeroum; il était le chef des émigrés arméniens qui, en 1830, passèrent de Turquie en Russie.

Ce manuscrit vint d'Erzeroum (Kan) à Akhaltsikh, gouvernement de Tiflis; à la mort de l'archevêque Karapet, il passa à la bibliothèque d'Etchmiadzin.

Au début du volume, quelques illustrations, rudimentaires :

1° Entrée de Jésus à Jérusalem, le jour des Rameaux.

2° Sainte Cène; sur la table est un poisson, à la place de l'agneau.

3° Mise au tombeau.

4° Les quatre évangélistes.

A la fin du volume, un feuillet de garde, en parchemin, contient un fragment de Luc, IV, 32-36 et 36-41, en très vieux erkathagir.

Fol. 63 v°, à la fin de l'Évangile selon Matthieu, un premier mémorial :

1. Փառք ամենասուրբ երրոր-
2. դութեանն ի բարձունս
3. յաւիտեանս (sic) ամէն
4. Գրեցաւ չորեքվտակեան
5. տառս այս ձեռամբ
6. Յուսկան մեղաւոր եւ
7. անարժ ան քահանայի եւ
8. յետ[կ]ին (sic) գրշի ի կաթ-
9. ղիկոսութեանն ան
10. Պետրոս Հայոց վերադիտ-
11. օղ ի Թուականութեանն
12. Հայոց նդդ ստացող
13. սրբոյ աւետարանիս յաղաւ-
14. Թ ա յիշեսջիք

TRADUCTION.

Gloire à la très sainte Trinité, en haut, à jamais. Amen. Fut copiée cette écriture à quatre ruisseaux[1], par la main de Yusik, pécheur et prêtre indigne et dernier scribe; sous le catholicat de Tér Petros, le surveillant des Arméniens (= le patriarche), en l'an 494 E. A. (= 1045 de J.-C.). Rappelez[-moi] dans [vos] prières, ô acquéreur de ce saint Évangile.

Le catholicos Pierre Ier (1019-1054) résida alternativement à Sébaste, à Ani, au monastère de Dzoroïvankh, à Ardzen, à Sébaste, et enfin au monastère de Sourb-Nšan (Saint-Signe), près de Sébaste, où il mourut. Il est surnommé *getadardz* (գետադարձ), «tourneur de rivière», en souvenir de cet événement : «Pendant que l'empereur Basile II hivernait dans la Chaldée Pontique, Pierre s'étant rendu auprès de lui, en qualité d'ambassadeur du roi Jean, Basile l'invita à célébrer la cérémonie de la bénédiction de l'eau, le jour de l'Épiphanie, suivant le rite arménien, en présence des grands de sa cour et du clergé grec. Au moment où

---

[1] Allusion aux quatre évangiles; cf. *supra*, p. 13, n. 1.

Pierre plongeait sa croix dans le fleuve, les eaux s'arrêtèrent tout à coup, et lorsqu'il y répandit le saint chréme, des rayons de lumière éclatèrent aux yeux de tous [1]. »

Au fol. 107 v°, à la fin de l'évangile selon Marc, un mémorial en écriture bolorgir :

1 Յամի Է երորդի յհաներորդի
2 Թուականութեա Հայոց եկն
3 այր մի աձատէր և բարեպա_
4 շտ · Մխիթար անուն, և մտա_
5 բանեցաւ սրբոյ ուխտիս որ Թոր_
6 ոսի և սրբոյ նշանիս, լինել
7 մասնակից աղաւթից և սպաս_
8 արադաց և եթեր ընձայս յարդ_
9 ար ընչից իւրոյ եզինս երկուս ։

TRADUCTION.

En l'an 750 de l'ère arménienne (= 1301 J.-C.), vint un homme théophile et pieux, nommé Mekhithar; et il devint membre de notre sainte congrégation de saint Thoros et de la Sainte Croix [2], pour prendre part aux prières et aux messes; et il apporta en cadeau, de son avoir bien gagné, deux bœufs.

Au fol. 186 v°, différents mémoriaux; l'un, où est mentionné Constantin, acquéreur de cet évangile; un autre, où nous apprenons que : en l'an È. A. ՌԼԹ = 1039 (= 1590 J.-C.), cet évangile fut racheté des infidèles et restitué à saint Thoros.

[1] Le récit de ce miracle est donné par Aristakès Lastivertzi, Matthieu d'Edesse, Vardan, Kirakos de Kantzak, etc. Cf. la note de DULAURIER in *Recueil des historiens des croisades, Documents arméniens* (Paris, 1869), I, p. 414, n. 2.

[2] Il y a, en Arménie, plusieurs couvents placés sous le vocable de saint Thoros. Comme notre évangile a été copié dans la province de Sébaste, et que dès le XIe siècle, le couvent de Saint-Thoros était célèbre au même titre que celui de la Sainte-Croix, à Sébaste, nous pensons qu'il s'agit ici de Saint-Thoros-de-Sébaste (Sivas). Ce couvent se trouve dans la province de Sébaste, canton de Kiwrin, près du village de Mandjelekh. En 1900, on y a ouvert un orphelinat arménien, à la suite des massacres. Cf. EPHRIKIAN, *Dictionnaire illustré de l'Arménie* (Venise, 1907), II, p. 54.

Manuscrit Etchmiadzin 363 (an 1053 de J.-C.).

Les quatre évangiles. Parchemin; écriture erkathagir; 311 feuillets à deux colonnes; 39 × 28 centimètres.

Enluminures; au début, les canons d'Eusèbe; fol. 3 v°, Matthieu écrivant; fol. 89 v°, Marc; fol. 143 v°, Luc; fol. 240 v°, Jean, avec quelques lettres grecques sur la miniature : ο προχορος.

Au fol. 310 v°, le mémorial de copie, en erkathagir; noirci, à moitié effacé :

1	գրեցաւ սուրբ աւետարանս
2	ի Թուականութեան Հայոց
3	շր ամի . . . .
4	. . . ի վանս սանդղկայ
5	մերձ գոլով խաչակրաւն
6	հաւր ստեփաննոսի ձեռա_
7	մբ Յովաննէսի նուաստ եւ ա_
8	նարժան երեցու եւ յետին գրչի
9	Արդ աղաչեմ զձեզ սիրոյն քի
10	յիշել յաղաւթս զբազմամեղ
11	գրիչս եւ զծնաւղս եւ զեղ_
12	բարս եւ զոր Յիս յիշողացդ եւ
13	յիշեցելոցս առ Հաստուած ողոր_
14	մեսցի աղաւթիւք ամենայն
15	սրբոց ամէն :
16	Աստուած ողորմեա մովսէսի որ
17	զմագաղաթն գործեաց . ամէն .
18	Աստուած ողորմեա դաւթի որ սպասաւոր_
19	եաց ամէն :
20	Աստուած ողորմեա թորոսի խաղբկայ որ
21	զոսկեղեղն զուգեաց ամէն :

TRADUCTION.

Fut écrit ce saint évangile en l'an des Arméniens 502 (= 1053 J.-C.). . . au monastère de Sandlkay, auprès du P. Stephannos, religieux; par la main de Yovannès, humble et indigne prêtre et dernier scribe.

Donc, je vous prie, pour l'amour du Christ, rappelez dans vos prières, moi le scribe très pécheur, et mes parents, et mes frères. Et le Seigneur Jésus soit miséricordieux à ceux qui rappelleront et à ceux qui seront rappelés. Par les prières de tous les saints. Amen.

Dieu, sois miséricordieux à Movsès, qui a fabriqué le parchemin [1].

Dieu, sois miséricordieux à Davith, qui [nous] a servi [pendant la copie]. Amen [2].

Dieu, sois miséricordieux à Thoros de Khaḻbak, qui a préparé les couleurs d'or. Amen [3].

Ce manuscrit renferme d'autres mémoriaux de différentes époques :

Fol. 143, un mémorial de restauration et de reliure, de l'an 1036 È. A. (= 1587 J.-C.), par Astwacatur eretz taudzouttsi (աճատուր էրէց տանձուացի).

Fol. 311, un mémorial daté de l'an 650 È. A. (= 1201 J.-C.), d'après lequel le manuscrit a été relié cette année, par la main d'Agovp, par l'ordre du prêtre Vard ou Varder.

Manuscrit Etchmiadzin 362 G (an 1057 de J.-C.).

Les quatre évangiles. Parchemin. Écriture en gros erkathagir, en encre or ou pourpre effacée. 287 feuillets à deux colonnes; 43 × 32 centimètres. En mauvais état.

Enluminures :

Au début la lettre et les canons d'Eusèbe, avec les portiques.

Fol. 6. Salutation de Marie; deux scènes sur la même enluminure : salutation de l'ange et salutation d'Élisabeth (Visitation).

---

[1] Dès le xi° siècle, il y avait d'importantes fabriques de papier à Samarqand, à Thabarieh, à Tripoli, à Damas [cf. *Sefer Nameh*. Relation du voyage de Nassiri Khosrau (trad. Schefer, Paris, 1881), p. 58 et 41]. En Arménie, le parchemin et le papier étaient fabriqués dans les principaux couvents où il y avait des écoles de copistes. Au xviii° siècle, le catholicos Siméon d'Érivan, 1763-1780, créa une fabrique de papier à Etchmiadzin [cf. M. Ormanian, *L'Église arménienne* (Paris, 1910), p. 68]. Pour plus de détails, voir Dr Joseph Karabacek, *Das arabische Papier*, eine historisch-antiquarische Untersuchung (Wien, 1887), in-4°.

[2] Il s'agit ici, probablement, du personnage qui aida le scribe à collationner sa copie sur l'original.

[3] Les miniaturistes arméniens ont eu de bonne heure des manuels contenant des conseils pratiques pour le mélange des couleurs. Voir, dans le manuscrit arménien 186 de notre Bibliothèque nationale, les instructions *pour le peintre,* f° 216 v° et suiv.

— 42 —

Fol. 6 v°. Adoration des mages, sur la partie supérieure. Sur la partie inférieure, naissance de Jésus et adoration des bergers.

Fol. 7. Présentation de Jésus au temple. Baptême dans le Jourdain.

Fol. 7 v°. A gauche, Jésus sur le Thabor. A droite, résurrection de Lazare.

Fol. 8. Rameaux. Entrée de Jésus à Jérusalem.

Fol. 8 v°. Sainte Cène. Au milieu de la table un poisson. Au-dessus de Juda son nom est écrit. Jésus n'est pas au milieu des apôtres; il est debout, à une des extrémités de la table.

Fol. 9. Jésus emmené par les soldats romains armés.

Fol. 9. v°. A gauche, Jésus sur la croix. A droite, descente de croix.

Fol. 10. A gauche, ensevelissement de Jésus par Nicodème. A droite, Jésus ressuscité fait sortir de l'enfer Adam et Ève. En haut, le portrait de David et de Salomon, avec doubles turbans.

Fol. 10 v°. Ascension.

Fol. 11. Les quatre évangélistes debout.

Fol. 11 v°. Les quatre évangélistes, en médaillon, autour des quatre branches d'une croix.

Fol. 12 v°. Khoran [1], avec dessins rouges sur fond bleu.

Le mémorial de copie est aux fol. 287 r° et 287 v° :

1 վառ ք ամենատրուրք եր

2 որդութեանն յափ

3 տեանա ամէն որ եր

4 զաւրութիւն տկարու

5 թեանս իմոյ հասան

6 եւ մինչեւ ցյետին գիծ գր

7 այս այտորիկ· թանգի չնոր

8 հիւն այ սկսա եւ որորմու

9 թեամբ նորին կատարեցի

10 զ... տատա այս

11 ձեռամբ թովմաս երիցու

12 նուատ բահանայի եւ

<hr>

[1] Ou frontispice; cf. Abdullah et Macler, *Études sur la miniature arménienne*, dans *Revue des Études ethnographiques et sociologiques* (Paris, 1909), p. 280.

13 յետին գրչի քաղաքիս մելիտե~
14 նոյ ընդ հովանեաւ սրբոն (sic)
15 գրիգորի ի թուականու~
16 թեանս հայոց ի հինդ հար~
17 իւր ու վեցն ի կաթողիկոս~
18 ութեանն տն խաչկայ յոր~
19 ժամի թաւ ելուրի վանան
20 եր· Արդ որք ընթեռնոյք
21 կամ աւրինակէք զգրողս
22 յիշեսջիք և մովսէս քա~
23 հանա զհայրն իմ եւ աճ
24 · ձեղ ողորմեցի (sic) յիւրում
25 գալստեանն ամէն ։

TRADUCTION.

Gloire à la très sainte Trinité, à jamais, amen, qui donna la force à
ma faiblesse d'arriver jusqu'à la dernière ligne de ce livre. Car, grâce
à Dieu, j'ai commencé, et, par sa miséricorde, j'ai achevé... cet écrit;
par la main du prêtre (eretz) Thomas, humble prêtre (khahanay) et dernier scribe, dans la ville de Mélitène [1], à l'ombre de saint Grégoire.

[1] Mélitène, la Malathiah des Turcs, était la ville principale de la troisième
Arménie, à l'ouest de la province de Sophène (SAINT-MARTIN, *Mémoires sur l'Arménie...*, I, p. 190-191). En 1315, les Égyptiens s'emparèrent de Mélitène et massa-
crèrent les Arméniens. On dit qu'il y avait alors dans la ville 19,000 filateurs ou
brodeurs (ALISHAN, *Sisouan*, p. 558). Non loin de la ville de Mélitène, se trouve
le couvent de Saint-Grégoire. Aux XVIIIe et XIXe siècles, l'évêque de la ville y résidait.
Vers 1869, l'évêque Garegin Srwantzteantz, le trouva dans un état déplorable;
il ne subsistait que la petite église et quelques chambres; toutes les portes
étaient ouvertes et le bâtiment, rempli d'ordures, servait d'abri aux voleurs et
aux malfaiteurs de la région. Nous avons la mention d'un évangile copié par
Siméon, archevêque de Mélitène, élève d'Aristakès vardapet, au couvent de
Saint-Grégoire, le 22 juin 1254. En 903 È. A. (= 1454 J.-C.), Mahtesi Kirakos l'a restauré; en 1050 È. A. (= 1601 J.-C.), le 12 février, Haïrapet abela
l'a relié. Le 17 mai 1193 E. A. (= 1744 J.-C.), l'évêque Abraham, fils de
Mkrtitch khahanay (բահանայ = prêtre marié), de la ville de Mélitène, a re-
copié les feuillets de l'évangile selon Jean, qui avaient été brûlés, et restaura la
reliure (cf. Garegin SRWANTSTEANTZ, *Thoros Aghbar* [Constantinople, 1879],
t. I, p. 327-331). Dans le même couvent, on mentionne encore deux manuscrits, un *gantzaran*, copié par David abela en 887 È. A. (= 1438 J.-C.) et
un *évangile* copié en 910 È. A. (= 1461 J.-C.). Sur la porte de l'église, on
lisait encore cette inscription : «La porte [de l'église] de Saint-Grégoire a été

De l'ère arménienne cinq cent six (= 1057 J.-C.), sous le catholicat de
Tér Khatchik [1], quand il était au monastère de Thaw Blour [2]. Donc,
lecteurs ou copistes, mentionnez moi le scribe, et Movsés khahanay mon
père. Et Dieu vous sera miséricordieux à sa venue. Amen.

construite par [ordre de] l'évêque Siméon, le 3 mars 888 (= 1439 J.-C.). » —
Mélitène eut un regain d'actualité au milieu du xixe siècle. Voici dans quelles
circonstances : le catholicos Nersès Snorhali (1166-1173) bénissait chaque
année l'huile sainte et en envoyait aux évêques et archevêques, dans des fioles
scellées de son sceau. Une de ces fioles resta à Romgla jusqu'à la prise de cette
forteresse par les Égyptiens, 1296. Une des sœurs de Héthoum II l'emporta à
son frère; et cette fiole resta longtemps dans la famille royale. Un prince de cette
famille, Melkhon, la confia, avec les reliques de saint Georges et d'autres
saints, à Michel, évêque de Kharpert, en 1494. L'évêque la déposa dans
l'église du couvent Khouléou, et le couvent fut appelé Saint-Georges. Après la
prise de Constantinople (1453), les églises étaient transformées en mosquées.
Les moines, par crainte, cachèrent le tombeau de saint Georges et les reliques qui y étaient contenues. En 1839, pendant la réparation de l'église, les
moines découvrirent ce tombeau et la fiole munie d'un certificat du roi Héthoum. Plusieurs évêques, parmi lesquels celui de Mélitène, signèrent une
attestation de la découverte de la fiole. Elle est conservée au couvent de Khouléou [cf. ALISHAN, *Snorhali et son temps* (Venise, 1873), p. 454-455 [en arménien), et SRWANTSTEANTZ, *Thoros Aghbar* (Constantinople, 1884, t. II), p. 351-
353]. L'église de Saint-Georges qui se trouve à Khoulê vankh, près de Kharpert,
est petite et a la forme de Saint-Jacques de Jérusalem (cf. INDJIDJIAN,
Nouvelle Arménie, Venise, 1806, p. 237). Le catholicos Grigor Makwetsi Dja-
lalbegean (1443-1466), dans son *kondak* (bref, bulle) adressé en 1445 à
l'occasion du sacre d'un évêque, cite le couvent de *Sis iwlo* (fiole d'huile). On
peut se demander s'il y un rapport entre la dénomination de ce couvent et la
fiole d'huile de Nersès Snorhali. Cf. Levond vardapet PIRLALEMEAN, *Notarkh
Hayots*, Constantinople, 1888, p. 139 et 145.

[1] Catholicos de 1058-1064, d'après R. P. Kalemkiar (GELZER, op. cit.),
p. 110; et de 1054-1060, d'après Mgr Ormanian (*Calendrier de l'hôpital arménien*), 1908, p. 174, qui ajoute en note que le siège patriarcal resta vacant
pendant cinq ans, 1060-1065. D'après Saint-Martin, (*Mémoires sur l'Arménie*,
1818), I, p. 441, Khatchik (1058-1064) résida à Ani, puis à Constantinople,
enfin à Thaw-Blour, où il mourut de chagrin, en apprenant la prise d'Ani par
les Turcs Seldjoukides. Ce Khatchik II était le neveu de Petros Getadartz.
Constantin, empereur de Byzance, apprenant que Petros possédait beaucoup de
richesses et de terrains, s'empara de ces derniers et manda Khatchik à la cour.
Il l'obligea à lui abandonner les trésors de son oncle; voyant qu'il n'obéissait
pas, il le retint plusieurs années à Constantinople. Le roi d'Arménie Gagik et
Adom Arcruni le prièrent de permettre à Khatchik de rentrer en Arménie.
L'empereur y consentit à condition qu'il se rendrait dans la Petite Arménie,
à Thaw Blour. Cf. TCHAMITCH, *Histoire d'Arménie*, II, p. 988 et 994 et ORMA-
NIAN, *L'Église arménienne*, p. 175-176.

[2] *Thaw Blour*, village situé dans la province de Tchahan (քահան), près de

— 45 —

Fol. 75, un mémorial de restauration, en écriture bolorgir, de
l'an ո̄ղ̄ È. A. 1006 (= 1557 J.-C.).

Fol. 126 v°, en marge, différentes notices et prières, qui portent
la date ռ̄մ̄խ̄է = 1247 È. A. (= 1798 J.-C.).

Fol. 207, un écusson de marge rond, fond bleu avec lettres
blanches, de la main du miniaturiste : զպաւղոս Հայր յիշեցէք
իւս և զիս, « Mentionnez le P. Paul en Christ et moi ».

Manuscrit Etchmiadzin 369 (an 1066 de J.-C.).

Les quatre évangiles. Parchemin. Écriture erkathagir. 281 feuillets à deux colonnes; 23 × 15 centimètres. A la fin, un feuillet de
garde, en écriture erkathagir. Les feuillets du début manquent.

Miniatures : les portraits des évangélistes et les frontispices des
évangiles, sur fond or. Manquent les portraits de Matthieu, de Luc
et de Jean, ainsi que le début de Jean.

Le mémorial du copiste est au folio 281 :

1. Չ : Ժ : Ե : Թուոյս Հայոց շրջագայիս ·
2. Եւ գրիգորքահանայ՝ ի նուագել ազգիս Հայոց ի
3. ժամանակի Հալածանաց մերոց յազգէն իսմայէ-
4. լի՝ սահեալք ի կողմանց արեւելից ի լերանցն Ամր-
5. արատա՝ ի գեղջէն որ կոչի՝ Արկուռի՝ զկնի
6. ածատէր Թագաւորին մերոյ սենեքերեմայ՝ եկ-
7. եալբնակեցաք ի քաղաքիս Սեբաստիա ուրքառա-
8. սուն վկայքն Հեղինն զարիւնս իւրեանց՝ մարտ ե-
9. դեալ ընդ աւդոյ զառնաշունչ՝ եւ ընդ սառա-
10. մանեաց ջրոյ՝ եւ անդէն զկնի ամաց Հնգից
11. վախճանէր բաղմաշնորհ եւ մեծապատիւ Հայրն
12. իմ Նանիա քահանա ի Թագաւորականն քաղա-

Tarand (տարանդ.) et de Kokison (կոկիսոն) où fut exilé saint Jean Chryso-
stome. Grégoire II Vkayasér, voulant se démettre des fonctions de catholicos,
en 1071, donna l'onction à son secrétaire Géorg de Lorhi, à Thaw Blour;
mais voyant le scandale que cette onction occasionnait dans la nation arménienne, Grégoire destitua Géorg, qui, abandonnant Thaw Blour, se rendit
à Tarse où il mourut. Cf. ALISHAN, *Sisouan* (Venise, 1899), *s. v.* Djihoun,
Coc; — et ORMANIAN, *L'Église arménienne* (Paris, 1910), p. 176.

13 քին ի քիւզանդիոն գ . . . . . . եւ մնաց
14 եալ եղաք երկու եղբարբս գեորգ եւ գրիգոր՝
15 ի մանգական տիս՝ աշակերտեցաք առ ոտս երա
16 նելի տն փիլիպպոսի՝ եւ որդւոց իւրոց սահ
17 վաննորսի և սահակա՝ եւ բատ ծովորական
18 բարեմնութեան իւրեանց եղեն մնուցիչք
19 և ուսուցիչք մեր յոյժ բարերար կամաւք .

TRADUCTION.

En 515 È. A. vague (= 1066 J.-C.), moi Grigor prêtre, au temps de l'amoindrissement de la nation arménienne, alors que nous étions persécutés par la nation d'Ismaël, nous sommes venus, fugitifs, du côté de l'Orient, des montagnes Aÿrarat, du village nommé Arkouri; à la suite de notre roi théophile Sénékhérim, nous sommes venus habiter la ville de Sébaste[1], où les 40 martyrs ont versé leur sang, en résistant à l'air violent et aux eaux glaciales.

Et alors, après 5 ans, mourut mon père Anania khahanay, comblé de dons et très vénéré, dans la ville royale de Byzance... Nous restâmes deux frères, Georg et Grigor, dans la fleur de l'âge. Nous fûmes élèves au pied du bienheureux Têr Philippos et de ses fils Stephannos et Sahak. Conformément à leur bonté habituelle, ils furent nos nourriciers et nos maîtres, avec beaucoup de bonne volonté.

Voici les renseignements que j'ai recueillis sur place, en août 1909, relatifs à la légende de l'eau miraculeuse d'Arkouri ou Akouri. C'était, anciennement, un village, au pied de l'Ararat; il fut détruit par un tremblement de terre en 1840. Près de là était un petit monastère, consacré à saint Jacques. Un oiseau, dans la région, porte son nom : thrtchoun sourb Hakobi.

Près du couvent, au pied d'une grande déchirure de l'Ararat, est une petite source, peu abondante, nommée « l'intarissable »; elle est vénérée par tous les gens des environs, Chrétiens, Tatares et Turcs. On croit que, dès qu'on emporte de cette eau, les oiseaux

[1] Les Turcs Seldjoukides parurent pour la première fois en Arménie, en 1021, et ravagèrent les états de Sénékhérim, roi du Vaspourakan. A la même époque, Sébaste et son territoire furent cédés par Basile, empereur de Byzance, à Sénékhérim, en échange du Vaspourakan. La dynastie de Sénékhérim posséda Sébaste jusqu'en 1080. Cf. SAINT-MARTIN, *Mémoires sur l'Arménie* (Paris, 1818), I, p. 368 et 187.

mangeurs de sauterelles la suivent[1]. Quand il y a une épidémie de sauterelles, il faut aller chercher de cette eau, en prononçant certaines prières; on en prend dans un vase et il faut revenir à l'endroit ravagé par le fléau sans se retourner en arrière et sans poser le récipient par terre. On fait une procession solennelle; les chrétiens célèbrent le Christ, les musulmans proclament Allah, et le fléau disparaît, — On en emporte aussi en cas de sécheresse. — La fondation du couvent est due à cette légende d'après laquelle saint Jacques (de Nisibe?) voulut atteindre le sommet de l'Ararat, pour voir l'arche de Noé. Le jour, il montait; quand il était fatigué, il dormait et, en se réveillant, il se retrouvait toujours au pied de l'Ararat. Les anges eurent pitié de lui et lui apportèrent un morceau de l'arche, qui est conservé dans le trésor d'Etchmiadzin. — La plus ancienne rédaction de cette légende se trouve chez Fauste de Byzance, III, 10, où, au lieu d'Ararat, on lit Sararat, montagne située au sud de l'Arménie, entre Van et Nisibe. — Cf. Victor Langlois, *Collection des historiens anciens et modernes de l'Arménie...* (Paris, 1867), I, p. 218 et suiv.; et Alishan, *Ayrarat...* (Venise, 1890), p. 470. — Le morceau de planche pétrifiée qui passe pour un fragment de l'arche de Noé est un objet de vénération aussi grande pour les musulmans des environs d'Etchmiadzin que pour les chrétiens. — Voir la note de Frédéric Parrot, utilisée et citée dans *Recueil des historiens des croisades. Documents arméniens* (Paris, 1906), II, p. 562, n. a.

Fol. 82, un mémorial, d'une autre main, en écriture erkathagir :

1   Յիշեցէք ի քս̄ եւ զբարեպաշտ իշխա_

2   նն զմեծ սեւաստիաւմն (sic) զբատկուրանն·

3   զորդի ամբատա որդւոյ Հեթմոյ սեւ_

4   ատաւսի տեանն լամբրաւնին. եւ պա_

5   պեռաւնին՝ որում եւ զանետտարանս

6   շնորհեցի· ընդ նմին եւ դբստանէր

7   ամունսինն իւր զթանգուհի զբսատ մար_

8   մոյ քոյր իմ, որոց ողորմեսցի

9   որ Յս̄ քս̄ ասա եւ ի հանդերձելումն ։

10   ի թի̄ ոխդ ։

[1] Alishan (*Ayrarat*, p. 470) cite que Jacques, roi de Chypre, envoya deux Arméniens pour rapporter de cette eau destinée à chasser les sauterelles (en 1473).

TRADUCTION.

Rappelez aussi dans le Christ le prince pieux, le grand Sébaste Bakouran[1], fils de Smbat, fils de Héthoum le Sébaste, seigneur de Lambron et de Paperon, à qui j'ai donné gracieusement cet évangile. [Rappelez] aussi avec lui son épouse christophile Thagouhi, qui est corporellement ma sœur; auxquels soit miséricordieux le Seigneur J.-C. ici-bas et dans la vie future. En l'an 643 (= 1194 J.-C.).

Fol. 217 v°, un autre mémorial, en écriture bolorgir; les cinq premières lignes sont en majuscules :

1   Նսա մ̄ր̄ գրիգորիս ծա-
2   ռա ծառայից ք̄ի, եղ-
3   բաւրորդի ա̄ն ներսիսի
4   կաթողիկոսի Հայոց՝
5   եւ որդի զաւրաւարի,
6   եառու վերբատին նորո-
7   գել արտաքուստ կու-
8   սէ զա̄ծ̄այն աւետտա-
9   բանս գեղեցիկ մետաք-
10 սէիւք եւ ակամք պա-
11 տուտկանաւք ընդե-
12 լուզեալ ի մարգարտոյ մե-
13 ծագնոյ ի ձերն ա̄ծ̄ աբա-
14 նական վարդապետի՝
15 ստեփաննոսի դրանն սար-
16 կաւագի ա̄ն իմում, որ եւ
17 վասն անմոլար Ճանաչե-
18 լոյ՝ կոչի սայակորցի ։
19 ի յիշատակ ինձ եւ ծնողա-
20 ց իմոց. նաեւ եւ առաջին
21 Հոգելոր ա̄ն իմոյ ներսե-

[1] Sur ce personnage, qui était seigneur châtelain, chéri de Dieu et des hommes, cf. *Chronique du royaume de la Petite Arménie*, dans *Recueil des historiens des Croisades. Documents arméniens* (Paris, 1869), I, p. 509, 622 et *passim*, s. v. Pagouran.

22   սի կաթուղիկոսի որ ե
23   զսոյն իսկ զաւետարանս
24   շնորհեաց ինձ ի դրաւ_
25   սանս և ի խրախճանու_
26   թիւնս հոգելոր՝ այսու
27   զուարձանալ եւ մի պա_
28   տրանաւք անցաւոր կե_
29   նցաղոյս՝ Արդ որք են_
30   թեռնոյք կամ աւկտիք (sic) ի
31   ամանէ, թողութիւն մե_
32   ղաց ինդրեցէք ի տէ յառա_
33   ջատելոցս, զի և տու_
34   իՀն յիշողացտ (sic) և յիշեցելոյս
35   ողորմեսցի· ամէն:

TRADUCTION.

Moi, Tér Grigoris, serviteur des serviteurs du Christ, fils de frère de Tér Nersès, catholicos des Arméniens [1], et fils du commandant en chef, j'ai donné encore à restaurer extérieurement cet évangile divin, avec de belles étoffes de soie et avec des pierres précieuses, enchâssées avec des perles de grand prix, par la main du vardapet théologien Stephanos, diacre de la Porte [patriarcale] de mon seigneur : pour le reconnaître sans faute, il s'appelle Yakobtsi [2]. En mémoire de moi et de mes parents ; [en mémoire] tout d'abord de mon seigneur spirituel le

[1] Ce mémorial a donc été écrit sous le catholicat de Nersès IV, Šnorhali, entre 1166 et 1173. Grégoire IV, surnommé Tła (l'enfant), fils de Vasil, frère de Grégoire III, fut catholicos de 1173-1180.

[2] Gałoust Tér Mkrttchean, originaire de Tzougrout, près de la ville d'Akhaltsikh, gouvernement de Tiflis, me disait (septembre 1909) qu'on fait des pèlerinages dans les endroits où se trouvent de très vieux manuscrits de l'évangile, qui ont chacun un nom; le précieux manuscrit de son village se nomme *Saint-Jean*, et il a quinze ans de plus que le ms. 229 d'Etchmiadzin; il est donc de l'an 974 J.-C. — Dans un village près d'Etchmiadzin, à Ardjaghala, il y avait un manuscrit de l'évangile, nommé *Sauveur*. Sur l'ordre du catholicos, on apporta ce manuscrit à la bibliothèque patriarcale; la maison du paysan, où se trouvait cet évangile, reste encore l'endroit d'un grand pèlerinage, qui a lieu en juin, à la fête de la Transfiguration. Le 15/29 août (1909), j'assistai au retour d'un pèlerinage à Khathoùn Arkh (*խաթուն արխ*), où se trouve un manuscrit célèbre de l'évangile, nommé *Sourb Nšan* (Saint Signe).

catholicos Nersès, qui m'a donné gracieusement cet évangile, comme divertissement spirituel, pour me réjouir par lui, et non point par les tromperies de cette vie passagère.

Donc, vous qui lisez [cet évangile] ou en tirez avantage, priez le Seigneur de pardonner les péchés des sus-mentionnés, pour que le donneur [de pardon] soit miséricordieux à ceux qui rappellent et à ceux qui seront rappelés. Amen.

Manuscrit Etchmiadzin 260 (an 1072 de J.-C.).

Les quatre évangiles. Parchemin; écriture erkathagir. 269 feuillets à deux colonnes; 25 × 20 centimètres. Ornements-frontispices; début de Matthieu, fol. 2; début de Marc, fol. 78; début de Luc, fol. 126. Le début de Jean manque.

Un premier mémorial, à la fin de Matthieu, fol. 77 v°, en gros erkathagir :

1 Ո յիշատցայ[ր]ք աւե
2 տարանիս զմեծ աս որ
3 զի վահրանայ բատսեր
4 քրիստոյ թաւդ պատրիկ
5 ....
6 ....
7 թէ զէ այսն ի քս որոց ...
8 զորմեացի քո աս ի վառ աս
9 որեալ զպատերան իւրում.

TRADUCTION.

Rappelez, dans le Seigneur, l'acquéreur de ce saint évangile, Smbat, fils de Vahram, christophile, victorieux, patrice, et ses parents et frères endormis dans le Christ, auxquels soit miséricordieux le Christ Dieu, dans sa glorieuse venue.

Un deuxième mémorial, au folio 265 v°, d'une autre main que le manuscrit et que le premier mémorial, est en erkathagir un peu couché :

1 քս աս ի վեր
2 տամիզասֆր

3 կայանէ անդ ռ_
4 դթրեա մէ իս_
5 դեայքո ծայ_
6 այի գրրդ որի ՝
7   անէն ։

TRADUCTION.

Christ Dieu, à ta deuxième venue, sois miséricordieux à Grigor, ton
serviteur pécheur. Amen.

Un troisième mémorial est aux folios 266 et suivants :

Fol. 266 recto.

1 արդ որոց լուծ_
2 աւորեալ են մր_
3 տացն առաջարկութիւնն (sic) եւ
4 զրկեյթ (sic) եւ զյաւժարութիւն
5 առ վերին աշխարհն ունիցին ։
6 ամենայն ինչ դիւրաւ հանդի_
7 պի հաճոյ ինն եւ մարդկան ։
8 որպէս եւ այժմ է ատենանել ան
9 այր ումն մեծ եւ երեւելի ընդ ի
10 մատտունս համեմատեալ եւ
11 քան զբազումս խոհեմ գտանեալ ։
12 որբոց եւ այրեաց անմիրանէ
13 լոց եւ զրկելոց անվեհեր աւագ
14 նականն և բարեխաւսն ի դրունն
15 արքունեայ ։ քանէր ն անգամ

Fol. 266 verso.

16 ծրնաւդաց զաւակ ։ որոց (sic) ա_
17 նուն խայտեր[1] ճանաչիր · սր_
18 տացաւ զմտանոր անեմարդանու_
19 թիւնս այ բանիր ԶԻ եր ան ալ_

[1] Voir la note supplémentaire, infra, p. 55 et suiv.

20 րոյ : որ քառաՀոս վտակաւք աբ_
21 բուցանէ զամէնայն Հաւատա_
22 ցելոյ անձինս : բատ նախանձ_
23 կար գետոցն յածատունկ գէ_
24 րախտէ անտի բղխեալ ոռոգա_
25 նէլ զամէնայն երկիր· որ աւր_
26 ինակէր զլուսաւոր վտակս
27 սրբոյ աւետարանիս :
28   Արդ այս նախասացեալ պատ_
29 րոն խայտէրս (sic)[1] ատացաւ զր_
30 սուրբ աւետարանս զաւակ ի սիու
31 եւ ընտանի յեէմ վերին :

Fol. 267 recto.

32   Արդ Հայցէ յամէնեցունց
33 որբ լուսաւորիք ի սուրբ պատու_
34 իրանէ այեշէլ յարժանախումբ
35 ձեր սուրբ Հանդէսս զպատ_
36 րոն խայտերն` զտացաւղ սորա
37 եւ զծնաւղսն իւր : զաձասէր ա_
38 մուսին իւր զեմէնիկն : զՀարա_
39 պատ զաւակ նորա զստեփան :
40 եւ զղստերսն իւր զնստերն,
41 եւ զանբլՀերն : զի ողորմ_
42 եսցի սոցա քս յիւրում փառաւ_
43 որ եւ ի Հրաշագարդ առաւաւտ_
44 ուն : եւ գրեսցէ զանուանս սո_
45 ցա ի դպրութիւն կենաց· եւ ջն_
46 ջեսցէ զամէնայն պարտիս սո_
47 ցա : եւ ընդ միոյ ընձայա_

Fol. 267 verso.

48 բերութեանս այոբիկ Հատուս_
49 ցէ զանվախճան բարին ամէն :

____

[1] Voir la note supplémentaire, *infra*, p. 55 et suiv.

50 Բայց նորոգեցաւ սուրբ
51 աւետարանս՝ ի Թուականիս Հայ-
52 ոց ։ ՈՒԿԹ ։ Հրամանաւ պա-
53 տուական եւ աճատէր պատրո-
54 նին ալէքսին, որ բազում
55 փափագանաւք սրտի իւրոյ եւ
56 նորոգել զսուրբ կտակս ։ եւ
57 պարդարեաց ծաղկագարդ ե-
58 րանկաւք, ոսկւով պատուա-
59 կանաւ. եւ գոյնսգունեան
60 վայելչական դեղովք ։
61 ի յիշատակ ոգւոյ իւրոյ, եւ
62 ծնաւղաց իւրոց ։ Հաւր իւրոյ

Fol. 268 recto.

63 վարդանայ եւ մաւր իւրոյ
64 զրմբաղին ։ եւ գեղեցիկ եւ
65 անդրանիկ պատանեկի իւրոյ
66 մրսիթարչին, որ է յիշատակ
67 եւ ժառանդ ամենային ։ զոր
68 որ ՅՍ աղաւթիւք սրբոցն ըն-
69 դ երկային աւուրս պաշտեսցէ ։ ամէն ։
70 Արդ աղերս մաղթանաց ար-
71 կանեմք առաջի մանկանց
72 Նոր սիովնի յիշել ի մաղու-
73 մար եւ ի սրաթոխչ աղաւթս
74 ճեր գվերագրեալոդ ամենայն ։
75 որոց ողորմեսցի սոցա քս յաւ-
76 ուր մեծի ծագման իւրոյ, յոր-
77 ժամ բանք սպատին և գործք
78 Թագաւորէն ։

Fol. 268 verso.

79 եւ որ տրն է
80 ՅՍ քս դիշողդ

81 Հանդերձ յիշելրվքս ։
82 յիշեսցէ իւր ամենամեծ
83 ողորմութեամբն
84 որ է աւրհնեալ յաւի-
85 տեանս յաւիտենից
86   ամէն ։
87 ընդ սոսին և զկաց-
88 մող սորա՝ զգրիգոր կր-
89 բաւնաւոր և գծնալդ-
90 սրն իւր յիշեսցքք ի Քս Յս· ամէն ։

TRADUCTION.

Fol. 266. « Or, à ceux dont les dispositions d'esprit sont éclairées et qui ont le souci et le désir du monde d'en haut (= de la patrie céleste) tout arrive aisément, agréable au Seigneur et aux hommes. Ainsi que cela se voit maintenant chez un homme grand et illustre, comparé aux sages et jugé plus prudent que beaucoup [de sages], intrépide assistant des orphelins, des veuves, de ceux qui sont lésés et déshérités, et intercesseur auprès de la cour; fils de parents christophiles et nobles (fol. 266 v°), dont le nom était Khaïter[1]. Il reçut l'évangile du Verbe de Dieu, Jésus-Christ Notre-Seigneur, qui, par quatre ruisseaux, abreuve les âmes de tous les croyants $\underset{\text{ainsi que}}{\overset{\text{d'après}}{=}}$ les fleuves antiques, issus du paradis planté par Dieu, pour arroser toute la terre, qui imitaient les ruisseaux lumineux du saint évangile.

« Or, ce seigneur Khaïter[2] déjà mentionné, acquit ce saint évangile, comme enfant dans la Sion et familier de la Jérusalem céleste (fol. 267). Or, il vous prie tous qui êtes éclairés par ce saint commandement, de rappeler dans vos dignes et saintes fêtes le seigneur Khaïter, acquéreur de ceci, et ses parents, sa pieuse épouse Emenik, son fils authentique Stephan et ses filles Naser et Anelher, afin que le Christ leur soit miséricordieux en son glorieux et miraculeux matin et qu'il inscrive leur nom dans le registre de la vie et qu'il efface toutes leurs (fol. 267 v°) fautes, et à l'échange de cet unique présent, accorde le bien infini. Amen.

« Mais ce saint évangile a été réparé en l'an ֈֆֆ 669 È. A. (= 1220-

_____

[1] Voir la note supplémentaire, *infra*, p. 55 et suiv.
[2] Voir la note supplémentaire, *infra*, p. 55 et suiv.

1221 J.-C.) par l'ordre de l'excellent et pieux seigneur Alex[1], qui avec beaucoup de bonne volonté fit réparer ce saint testament et l'orna de couleurs fleuries, d'or précieux et de teintes élégantes, de diverses nuances[2] en souvenir de son âme et de ses parents, de son père (fol. 268) Vardan, et de sa mère Zmbal et de son joli fils aîné, Mkhitharitch, qui est souvenir et héritier de tous, et que le seigneur Jésus, par les prières des saints, conserve de longs jours. Amen.

« Or, nous prions les enfants de la nouvelle Sion de rappeler dans vos prières unies et ailées tous les sus-mentionnés, auxquels le Seigneur Jésus soit miséricordieux au jour de sa grande apparition, alors que les paroles s'épuisent et que les actes règnent.

« (Fol. 268 v°) Et que Jésus-Christ, qui est le maître, rappelle vous qui rappellerez et nous qui serons rappelés, avec sa grande miséricorde, qui est béni dans les siècles des siècles. Amen.

« Avec ceux-là, rappelez dans le Christ Jésus le relieur[3] de ceci, Grigor, religieux, et ses parents. Amen. »

NOTE SUPPLÉMENTAIRE.

Dans son très insuffisant catalogue des manuscrits arméniens d'Etchmiadzin, Karenean[4] a consacré (p. 18, n° 253, 32) au précieux manuscrit qui nous occupe la notice suivante : *աւետարանն երկաթագիր Քարաձալ գրեալ ’ի մագաղաթի ’ի վերջ Մատթէոսի գրէ երբ յիշատակարանն այսպէս « զտտացող սորին զ Մքրատ որդի Սահրամայ զքրիստոսասէր Պատրիկ յիշեցէք ’ի տէր : Մայեոոյ ատացեալ է ’ի պատրունեաց Տեառնէ և այլն և այլն, վերստին նորոգեալ է Տրամմնատ պատրոնին Ալեքսի ’ի Թուին Հայոց ՈԿԹ, 1220, ’ի Դրիգոր կրօնաւորէ ;* « Évangile, erkathagir, in-4°, Écrit sur parchemin. A la fin de Matthieu, est écrit

---

[1] Texte, *Ալէքսն* = Alékhs (Alex).

[2] Voir la liste des manuscrits arméniens enluminés au xiii° siècle, dressée par ABDULLAH et MACLER, *Études sur la miniature arménienne*, dans *Revue des études ethnographiques et sociologiques* (Paris, 1909), p. 347 et suiv.

[3] Le mot ici employé, *կազմող*, participe présent du verbe *կազմել*, peut signifier : le relieur, le restaurateur du manuscrit, et aussi le rédacteur et le scribe de ce mémorial.

[4] *Մայր ցուցակ ձեռագիր մատենից գրադարանի սրբոյ աթոռոյ Էջմիածնի*,... (Tiflis, 1863), gr. in-8°.

comme mémorial ceci : Mentionnez, dans le Seigneur, l'acquéreur
de ce [manuscrit], Smbat, fils de Vahram, christophile, patrik.
Ce [manuscrit] fut ensuite acheté par le seigneur de Patrounik », etc.
Il fut à nouveau restauré par ordre du patron Alékhs, en l'année
arménienne 669 (= 1220 J.-C.), par le moine Grigor ».

Sur la foi de cette notice, nous avons imprimé [1] que le second
possesseur de ce manuscrit fut « le seigneur de Badrounik ».
Comme je ne réussissais pas à identifier ce dernier vocable,
j'étudiai plus attentivement ce manuscrit à Etchmiadzin.

Au fol. 266 v°, une première mention nous apprend que l'acquéreur était Khaïter (խայտէր); une deuxième mention au même
folio porte արդ այժմնախատացեալ պատրոնխայտէրն...;
Karenean, en faisant une fausse coupure, a lu : պատրոնխայ
տէր = « seigneur de Patrounik ». Je propose de couper et de lire
ainsi : պատրոն խայտէր : « le patron = le seigneur Khaïter »,
nom qui a été mentionné douze lignes plus haut et qui l'est encore
au folio 267, l. 4-5. Voir, f° 269, l. 7.

Le vocable Patrounik ou Badrounik semble donc, jusqu'à
nouvel ordre, devoir être biffé de l'onomastique arménienne.

Le nom de Patrounik ne se trouve pas dans le գահնամակ
(lettre du trône).

Ce *gahnamak*, d'après Thomas Arcruni, s'appelle aussi Bartza-
bertzouthiun. Ce terme désignait l'ordre hiérarchique des grands
établis par les rois. Khosrow III (ive siècle) a changé, de son propre
chef, cet ordre. Le roi de Perse Šapouh III le destitua et nomma
comme roi d'Arménie son frère Vram Šapouh. Après la mort de
Vram Šapouh, on introduisit des changements dans l'ordre des
satrapes, pour déshériter Artašès, fils de Vram Šapouh. Saint Sahak se rendit en Perse et, sur l'ordre du shah, l'ordre ancien du
gahnamak fut rétabli. Alors que Vram IV était roi de Perse, ce
gahnamak fut nommé *Vramakan* ou *Sahakian Gahnamak* (389-399).
Avant saint Sahak, Tiridate, roi d'Arménie, avait établi ce gahnamak. Au xe siècle, un prêtre Mesrop, en écrivant la vie de
Nersès le Grand (ive siècle), trouva une copie du gahnamak de
Tiridate, où il y avait quatre cents noms de grands, et lui, s'en-

____

[1] Cf. R. P. Seraphin Abdullah et Frédéric Macler, *Études sur la miniature arménienne*, dans *Revue des Études ethnographiques et sociologiques* (Paris, 1909),
p. 296-297. — Le mot arménien *Khaïter* correspond à l'arabe حيدر « lion », le
surnom d'Ali.

nuyant à cette copie, n'en reproduisit que cent soixante-dix; ce gahnamak de Mesrop se nomme Nersesian ou Drtadian gahnamak. Emin, dans un manuscrit antérieur au xiiie siècle, découvrit un feuillet du Vramakan Gahnamak et il en fit cadeau aux PP. Mekhitharistes de Venise. Ce feuillet contient les soixante-dix premiers noms. Le reste a été complété par Alishan. Cf. ALISHAN, *Ayrarat* (Venise, 1890), p. 416-433.

Au bas du fol. 268 v° nous lisons un petit mémorial, en bolorgir plus jeune, d'après lequel un certain Sargis nerkarar [teinturier] (*սարգիս ներկարար*) a acheté l'évangile. Pas de date.

A la fin du volume, sur une feuille de papier blanc, une note d'après laquelle cet évangile a été racheté et donné en cadeau au monastère d'Yohannavankh. Écriture du xvie siècle.

Le mémorial de copie est aux folios 269 et 269 v°; il est très abîmé et d'une lecture difficile.

1. ի Հինգ Հարիւրորդի քսաներորդի
2. [առաջներոր]դի ամի Թուաբերութեան
3. Հայոց ի Թագաւորութեան յունաց
4. միխայէլի որդւոյ Յուկծին կայսերլ
5. Հռոմոց, ի կիւրապաղատութեան
6. ամբատայ բարէպաշտի և Հկաւրի
7. մեր պատրոնի և տեառնորդւոյ
8. յամս աճապատիւ Հոգելոր տէրանց
9. մերոց Հայոց կաթողիկոսաց մն
10. գրիգորիսի և մն գէորգայ. Եւ
11. ամբատ պատրիկ որդի վաՀրանայ
12. ցանկացաւղ եղէ աճային տառ.իս
13. սրբոյ աւետարանիս մեծաւ
14. փափագանաւք և սրտի սիրով
15. յուժարութեամբ եառու գրել
16. Յովհաննեսի գրչէ, յընտիր և
17. ի ստոյգ աւրինակաց. ստացայ
18. զաա... ի ամին ամի արձանա_
19. լորեաց զիս մարդասէրն աճ
20. առնուլ զձեռ և զկարգ կրաւնա_

21 տրտութեանն, զինեցյով առ դիւռն
22 որդրմնութեանն այ, զի եւ ինձ
23 բացցի դուռն կենաց մտին
24 առեալ զանունն որդեգրութեան
25 Հաւրն երկնաւորի, անունանեցայ
26 Յովհաննէս ըստ վերակոչմանն
27 Հրաւիրելյ իմոյ ի ծփանաց
28 կենցաղոյս. Հասի երանելի եւ
29 ցանկալի Հաննապարհիս որում
30 ի վարձնջուցն սպասի.
31 արդ Հայցեմ յամենեցունց
32 սրբերասմից յունսացգետարից
33 կրաւնասորացդ լինել ինձ
34 աւժանդակ աղաւթիւք զի
35 եւ ինձ որորմեսցի Քո
36 յիւրում սր զպաստեանն:

TRADUCTION.

En l'an 52. [1] È. A. (= 1072 J.-C.), sous le règne en Grèce de Mikhael, fils de Toukidz, empereur des Romains, sous le curopalatat de Smbat, le pieux et le fort, fils de notre seigneur et maître, sous nos seigneurs spirituels, honorés de Dieu [2], les catholicos d'Arménie Grigoris et Georg, moi, Smbat, patrice, fils de Vahram, j'ai désiré vivement posséder l'écriture divine, le saint évangile, et avec grand amour et bonne volonté, j'ai fait copier au scribe Yovhannès, d'après de bons et véridiques exemplaires; j'ai acquis ceci... En cette année, Dieu clément m'a rendu digne de prendre la forme et l'ordre de religieux en m'adressant à la porte de la miséricorde de Dieu; afin que pour moi

[1] La fin de la date est effacée dans le manuscrit. Nous pouvons la reconstituer à l'aide des synchronismes suivants : la date doit être entre 521 et 529 È. A. (= entre 1072 et 1080 J.-C.). A cette époque, le catholicos était Grigor II Vkaÿasér, 1065-1105. Michel VII Ducas règne 1071-1078. Nous avons ici la donnée importante d'un deuxième catholicos, ou coadjuteur du catholicos. Or Georg III de Lorhi fut coadjuteur de Grégoire II entre 1069-1072. Donc la copie de notre manuscrit est de 1972.

[2] Les catholicos portent le titre de *hogevor Tér* (seigneur spirituel) et *honoré de Dieu* (Astwadzapativ); à titre exceptionnel, l'archevêque de Siwni porte le titre de *Astwadzapativ hogevor Tér*: et sa crosse a une forme spéciale.

aussi soit ouverte la porte de la vie. En prenant le nom de fils adoptif
du père céleste, je fus nommé Yovhannès, en souvenir de celui qui m'a
invité [à sortir] des vagues agitées de cette vie.

J'ai atteint le chemin bienheureux et désirable que j'attendais depuis
longtemps. Or, je vous prie tous, saintes assemblées de religieux revêtus
de lumière, de m'aider et de m'assister par vos prières, afin que le
Christ ait pitié de moi aussi dans sa sainte venue.

Manuscrit Etchmiadzin 257 (an 1099 de J.-C.).

Les quatre évangiles. Parchemin; écriture erkathagir. 280 feuillets
à deux colonnes; 22 × 17 centimètres.

Au début, les canons et la lettre d'Eusèbe, avec quelques ornements.

Au folio 278 v°, le mémorial de copie.

1   փառք երից անբաւից
2   կարելեաց անկարից
3   եռանձնէ միութեա~
4   ի խիկուննակասնաց.
5   ի Թուականութեանն
6   Հայոց ՇԽԸ գրե~
7   ցաւ սբ աւետարանս ձե~
8   ռամբ ախարունի
9   անմարի եւ վանապի
10   գրշի եւ անպիտ~
11   ան կրաւնաւորի ։

TRADUCTION.

Gloire aux trois infinis qui peuvent l'impossible, à l'unité véritable
en trois personnes; en l'an 548 È. A. (= 1099 J.-C.), ce saint
évangile fut écrit par la main de Aharon, insensé et humble scribe et
religieux sans valeur.

L'an 548 È. A. commence le 25 février 1099 et finit le 24 février 1100.

Au folio 75 v°, à la fin de l'évangile selon Matthieu, ce mémorial, à l'encre rouge, du même scribe :

1 ⋯ քանած այս սուրբ աւ⋯
2 արանչացս բարեխաւս⋯
3 թեանք ողորմեայ յուհան⋯
4 իսի հոգւոյն ամէն և որք
5 յիշեք յիշէլ լիցիք (sic) և ած
6 ամենեցուն հասարակաց⋯
7 ողորմեսցի ամէն ⋱

TRADUCTION.

Christ Dieu, par l'intercession de ces saints évangélistes, sois miséricordieux à l'âme de Yovhannès. Amen. Et vous qui [le] mentionnerez, soyez mentionnés. Et que Dieu soit miséricordieux à tout le monde. Amen.

Fol. 279-280, du même scribe, la note suivante, relative en partie à la première croisade :

Fol. 279 recto.

Col. a.

1 Արդ աղաչեմ.
2 զամենեսին որք
3 լուսաւորիք և
4 աւզտիք ի սբ աւե⋯
5 տարանիդ (sic) զե⋯ ալ⋯
6 աւթից արժան ա⋯
7 բաշիք և աձ
8 ձեզ ողորմեսցի
9 ամէն,
10 ընդ նմին և
11 դեղբայրն իմ
12 զՅովհաննէս որ
13 կատարեցաւ յան
14 աւրէն աղգէն
15 հարաւայնոցն

Col. b.

16 յանաւրէն մահմե⋯
17 որ անանաւրէն (sic) ⋯ ժող⋯
18 ողոյն վասն եղկելի⋯
19 կենաց իմոց.

1 արդ աղաչեմ զա⋯
2 մենեսեան յիշեց⋯
3 էք ի ձեր սբ աղաւ⋯
4 թս զՅովհաննէս
5 և զս աձ այս սբ ա⋯
6 ւետարանչացս բա⋯
7 րեխաւսութեամբ
8 և սբ աձաձին (sic) և⋯
9 սբ կարապետն (sic) բա⋯
10 րեխաւսութեամբ

11 ողորմեացի Յուկ_

12 աննիսի Հոգւոյն

13 եւ ջնջեսցէ զձե_

14 ռագիր յանցանա_

15 ց նորա, եւ գրեսցէ

16 ի դպրութիւն կենա_

17 ց ամէն եւ որ յիշ

18 էք յիշէք լիցիք եւ ա͞ծ

19 ամենեցուն ողորմե_

20   սցի ամէն ։

Fol. 279 verso.
Col. a.

1 Արդ գրեցաւ

2 սուրբ աւետա

3 րանս ի Հայրա

4 պետութեանն

5 ա͞ն գրիգորի

6 եւ յինքնակալ_ (sic)

7 ութեանն Հռոմ

8 այեացւոցն (sic) ագդ

9 ին արիական որ են

10 փառանգոս (sic) յոր

11 ժամշարժեցան

12 եւ ելին անթիւ

13 բազմութեանց

14 ի վերին խնամոց_

15 ն ազդմամբ ամէ_

16 նակալին այ, եւ

17 ելին Հասին մինչ_

18 եւ յանդիռք եւ

19 բազում աշխատ_

Col. b.

1 ութեամբ եւ մեծ_

2 աւ պատերագման_

3 ւ բացին զանդի_

4 ոք եւ ի սուր սուս_

5 երիյաննինայ

6 կոտորեցին զա_

7 նաւբէնան, եւ

8 յետ ք͞ երից ա_

9 ւուրց ելին ան_

10 թիւ եւ անՀամա

11 ր ազգն Թուրբա_

12 ց եւ պարսիկ եւ ար_

13 պկաց (sic) եւ տաճկաց

14 եւ բանակեցան

15 շուրջ զբազաբա_

16 ն եւ զղաշտա_

17 ն, Թուով· ք͞·

18 Հարիւր Հազար եւ

19 Խ Հազար.

Fol. 280 recto.
Col. a.

1 եւ ելին ազգն ա_

2 րիական եւ խմբ_

3 եցաւ պատերազ_

4 ին եւ վերին աւ_

5 գնականութեա_

6 մէն այ դարձ_

7 ւցին զբանակ_

8 մե անտաւրինացն

9 եւ զերիս աւուր_

10 ս սուրն քրիստո_

11 նէիցն Ճարակեր

12 զանաւրէնան եւ

13 մեծաւ յաղթու_

14 թեամբ դարձա_

15 ն ի մեծ եկեղեցի_

16 ն սք պետրոս եւ

17 առաջին ու րանիու
18 թեան կատարիկին
19 մեծին այ և վիրկ

Col. b.

1 չին Յի քի որ էա
2 զյադթ ու թիւն
3 ծառայից իւրոյ·
4 ի նորին անմի բանդին
5 վեծ և դշ հանկ
6 անճի մայրա ▨ քա
7 դաքն էմ և դիմոդ

8 մութիւն անուանէրին
9 այն ի սուր սրեւերի
10 կոտռեցին դանիու
11 թեատին րի անար
12 տեցան սր անետա
13 բանն ի ծայրապատակմ
14 աղեկասողին ին
15 հոգանե (sic) յոնեահնու
16 անեասպանցին ի քա Յո
17 [ունէր] մեր որու վարք
յա
18 խոնեանա անէն :

TRADUCTION.

Fol. 279, col. *a* : « Or, je vous prie tous, qui recevez la lumière et qui profitez de cet évangile, rendez-moi digne de vos prières et Dieu vous sera miséricordieux. Amen. »

« En outre, [mentionnez] mon frère Yovhannès qui fut tué par la nation infidèle du Sud, par l'infidèle assemblée de l'infidèle Mahomet, pour le malheur de ma vie.

Col. *b* : « Or je vous prie tous, mentionnez dans vos saintes prières Yovhannès et Christ-Dieu, par l'intercession des saints évangélistes, et de la sainte mère de Dieu, et de saint Karapet, soit miséricordieux à l'âme d'Yovhannès et qu'il efface l'écrit de ses fautes et l'inscrive dans le livre de la vie. Amen. Et vous qui mentionnerez, soyez mentionnés. Et que Dieu soit miséricordieux à tous. Amen. »

Fol. 279 v°, col. *a* (de la même main) : « Or ce saint évangile fut écrit sous le patriarcat du seigneur Grigor [1] et sous l'autocratie des Romains, le règne de la nation vaillante que sont les Francs, lorsqu'ils se murent et sortirent en multitudes sans nombre par l'ordre de la providence du Dieu tout-puissant ; et vinrent jusqu'à Antioche et, avec beaucoup de peine (col. *b*) et

---

[1] Grégoire II Vkayasér, ou Vahram, 1065-1105 ; fils de Grégoire Magistros, duc de Mésopotamie, fixa la résidence patriarcale à Dzamendaw, puis dans la Montagne-Noire. Sous son pontificat, Géorg II, de Lorii, fut assesseur (աթոռակից), de 1069-1072 ; Sargis de Honi fut anti-catholicos (հակաթոռ), de 1076-1077 ; Théodoros Alaxosik fut anti-catholicos, de 1077-1090 ; Pôlos de Varag fut anti-catholicos, de 1085-1089 ; Basile I, d'Ani, fut assesseur, de 1085-1105. Cf. [M⁹ʳ ORMANIAN], *Calendrier de l'hôpital arménien de Constantinople*, 1908, p. 174 (en arménien).

— 63 —

de grandes batailles, ^prirent_ouvrirent Antioche [1] et passèrent au fil de l'épée
sans pitié les infidèles; et, après trois jours, vinrent en nombre infini
les nations des Turcs, des Persans, des Arabes et des Tadjiks [2]; ils
campèrent autour de la ville et dans la plaine, au nombre de quatre cent
quarante mille.

Fol. 280, col. *a* : «La nation vaillante sortit et la bataille commença.
Et par le secours de Dieu ils mirent en fuite l'armée des infidèles et pendant trois jours, l'épée des chrétiens dévorait les infidèles. Et avec une
grande victoire ils retournèrent à la grande église de Saint-Pierre [3] et
célébrèrent une fête de réjouissance au grand Dieu et sauveur (col. *b*)
Jésus-Christ qui donna la victoire à ses serviteurs.

«Dans la même année, ils ^prirent_ouvrirent la grande et illustre métropole
de Jérusalem [4], et ils passèrent au fil de l'épée la multitude des infidèles,
par la puissance du Christ [5].

«Fut achevé ce saint évangile ici dans la métropole d'Alexandre [6],
à l'ombre de l'évangéliste Jean, en J.-C. Notre [Seigneur], à qui la
gloire à jamais. Amen.»

[1] En lisant cet éloge des Francs par un scribe arménien, il ne faut pas ou-
blier, en ce qui concerne Antioche, que c'est un Arménien, nommé Firóuz, fils
d'un fabricant de cuirasses, qui introduisit les croisés dans la ville en leur
livrant les trois tours qu'il commandait.

[2] Ce mot, que les auteurs arméniens emploient pour désigner les musulmans,
doit signifier ici, plus spécialement, les Arabes des villes mêlés avec les Persans.

[3] La découverte de la sainte lance eut lieu le 14 juin 1098.

[4] Comme Jérusalem fut prise le 14-15 juillet, la copie de ce manuscrit fut
achevée dans la seconde moitié de l'année 1099.

[5] La multitude des musulmans fut définitivement dispersée le 28 juin 1098.

[6] Cette désignation peut faire songer soit à Alexandrette de Syrie, soit à
Alexandrie d'Égypte. Alexandrette ne fut jamais qualifiée de métropole et nous
n'avons pas trouvé de couvent placé sous le vocable de saint Jean, dans cette
ville. Par contre, dès le viie siècle, il y avait en Égypte, à Alexandrie, dans la
Thébaïde, sur le mont Sinaï, des couvents arméniens, fondés par des moines
arméniens venus de Palestine en Égypte; ceci, d'après le témoignage d'Anas-
tase vardapet, du viie siècle, cité par Alishan, *Haÿapatoum* (Venise, 1901),
p. 227-229 (en arménien). — M. F. C. Conybeare me signale le mémorial du
Ms. Brit. Museum Add. 27301 (Vies des Pères) où se trouve cette note à la fin de
la vie de S. Ônophrios, composée par Paphnutius : զնորոգող և զթարգման
նիչ սբյ պատմութես զոր գրեգոր հայոց կաթուղիկոս յիշեցէք ի քս և
թարգմանեցաւ ի թուականութեն հայոց ՇՂԹ ամի, յաշխարհին եգիպ-
տացւոյս· Ainsi le catholicos Grigor III Pahlavouni, fils d'Apirat, visita
l'Égypte en 1110. — Pour plus de détails voir *The Churches and Monasteries
of Egypt and some neighbouring countries*, attributed to Aboû Sâlih, the Arme-
nian, translated from the original arabic by B. T. A. Evetts. — Oxford, 1895.
In-4°.

INSCRIPTIONS LATINES D'ETCHMIADZIN.

Le musée d'Etchmiadzin possède un certain nombre d'*inscriptions arméniennes*, qui seront publiées dans le *Corpus des inscriptions arméniennes*, que prépare le professeur Marr, de Saint-Pétersbourg.

On m'a également montré un nombre respectable d'*inscriptions cunéiformes*, qui ont déjà été étudiées par différents savants. Je note, à ce propos, que le R. P. Komitas vardapet fit, pendant ces vacances (août 1909), l'ascension de l'Alagueuz [1], par un chemin nouveau. Près du sommet, il découvrit des inscriptions cunéiformes, gravées sur les rochers qui bordent le chemin. Il croit qu'elles n'ont pas encore été signalées au monde savant.

Dans mon carnet de voyage, j'ai noté, à la date du 20 août 1909, que le R. P. Garegin fit apporter au musée d'Etchmiadzin une très grosse pierre portant une *inscription grecque* [2]. Le R. P. m'a très aimablement autorisé à prendre une copie de l'inscription, à condition que je ne la publie pas avant lui. Je ne saurais manquer de déférer à un désir aussi légitime et j'exprime le vœu que le P. Garegin livre le plus tôt possible à la publicité l'inscription qu'il a découverte lui-même dans un village de l'Aparan, sur le mont Alagueuz et où il est question d'un « Tiridate le Grand, roi de la Grande Arménie ».

Enfin, j'ai noté, à Etchmiadzin, la présence de trois *inscriptions latines;* deux sont au musée; la troisième est dans la cellule de M. Galoust Tér Mkrttchean.

1. C'est d'abord un fragment de milliaire, où ne figure plus le nom de l'empereur. On lit encore ce qui suit :

I M P

CAES I〉IVI

---

[1] Voir les études sur l'Alagueuz (ou Aragac = *upupuluwð*), par J. DE MORGAN, *Mission scientifique en Perse* (Paris, t. I, 1894), *passim* et *Revue de l'École d'Anthropologie...*, 1909, p. 189 et suiv.

[2] Je ne mentionne pas ici, naturellement, les inscriptions grecques d'Etchmiadzin, connues et publiées depuis fort longtemps; cf. Josef STRZYGOWSKI, *Das Etschmiadzin-Evangeliar* (Vienne, 1891), p. 6-11.

ce qui pourrait permettre la restitution suivante :

Imp.
Caes(ar) [*M. A*]u[*r*. . .

. . . .

2. La deuxième inscription latine du musée d'Etchmiadzin a déjà été publiée plusieurs fois. Elle est reproduite en fac-similé et rééditée par le professeur Rostovtsef dans sa plaquette récente sur la troisième inscription latine d'Etchmiadzin [1]. A la bibliographie donnée par M. Rostovtsef qui cite, p. 5, I. Pomialovski, Héron de Villefosse et Mely, il faut ajouter deux noms, ceux de Léon Renier et d'Alishan. Le P. Alishan (*Aÿrarat*, Venise, 1890, p. 206, n. 2), après avoir donné une reproduction de l'inscription, renvoie au *Journal asiatique*, 1862, février; mais la citation est erronée. L'inscription latine en question a été publiée dans le cahier de février 1869 du *Journal asiatique;* le fac-similé est à la page 100 et les observations de Léon Renier occupent les pages 103 et 104 dudit cahier.

La dédicace est faite à l'empereur César Marc-Aurèle Antonin Auguste Commode Germanique Sarmatique très grand, revêtu de la puissance tribunitienne, sept fois proclamé *imperator,* quatre fois consul, père de la patrie. . .

Léon Renier fait observer que cette inscription se rapporte à Commode et doit être de l'an 938 de Rome (= 185 de notre ère).

3. Des paysans arméniens, en labourant dans le jardin de l'Académie d'Etchmiadzin, mirent à jour, le 29 août 1907, une inscription latine, qui fut nettoyée, estampée et photographiée par les soins de M. Galoust Têr Mkrttchean; ce savant en adressa un estampage et une photographie, au professeur Marr qui les communiqua au professeur Rostovtsef, à l'effet de les publier. (Voir plus haut, § 2.)

Tandis que M. Rostovtsef reproduit le fac-similé de l'inscription latine n° 2 (p. 6 de sa plaquette), il ne donne ni en transcription en capitales, ni en fac-similé, la nouvelle inscription à laquelle il consacre dix-neuf pages; du moins dans l'exemplaire que j'ai sous

[1] Cf. M. Rostovtsef, *Les nouvelles inscriptions latines du sud de la Russie* (s. l. n. d.), [1909]; in-8°, 22 pages (en russe). Cette plaquette m'a été aimablement traduite par M. J. Silnitsky, élève du cours d'arménien à l'École des langues orientales vivantes.

la main et qui m'a été obligeamment communiqué par M. R. Ca-
gnat, membre de l'Institut.

Je crois donc utile de donner ici (fig. 2), un fac-similé de cette
nouvelle inscription latine, d'après la photographie qui a été exécutée pour moi à Etchmiadzin. Je renverrai au commentaire de
M. Rostovtsef pour ce qui concerne les conclusions relatives à l'in-
stallation des légions romaines en Arménie à la fin du IIe siècle de
l'ère chrétienne. Cette inscription daterait, d'après le savant russe,
de l'an 175, ou 176 au plus tard, de l'ère chrétienne. Elle est
donc de dix ans antérieure à l'inscription latine n° 2 d'Etchmiadzin.

Voici, du reste, la lecture de cette nouvelle inscription :

*Imp(eratore) Caes(are) M. Aure(lio) Antoni(no) Aug(usto) Germ(anico)
vex(illationes) le(gionis) xv Ap(o)l(linaris) et xii ful(minatae) fec(erunt) sub
C. Arri(us) Antoninus preses p(rovinciae) Pop(illius) Macri(nus) tr(i)b(unus)
c(o)h(ortis) (miliariae) eq(uitatae) c(ivium) R(omanorum) et Tit(tus) Aur(elius)
Varus (centurio) l(e)g(ionis) xv Ap(o)l(linaris) prepositi . . .*

La fin de l'inscription, qui est sur le bord inférieur de la pierre,
est d'une lecture fort douteuse. M. Rostovtsef propose de compléter
ainsi : *v(e)x(i)l(lationum) cu[ram eg(erunt)]* ou *cu[ravér(unt)]* ou
cu[reger(unt)].

Au point de vue arménien, qui nous occupe ici, cette inscription latine revêt une réelle importance. Elle atteste la présence de soldats romains à Vałaršapat, après la prise d'Artaxata [1],
à la fin du IIe siècle après J.-C. Ils y ont séjourné et ont campé

---

[1] Cf. Héron de Villefosse, in *Comptes rendus de l'Académie des Inscriptions*, 1894, p. 24 et suiv. «Le détachement qui tenait garnison à Vałarchapat
en l'année 185 se composait probablement d'un millier d'hommes puisqu'il
était commandé par un tribun; il appartenait à une des légions de Cappadoce.
L'ancienne capitale du royaume d'Arménie, *Artaxata*, avait été détruite en 163.
Une nouvelle capitale, qui reçut le nom de *Kainépolis*, fut bâtie par les Romains
à l'endroit même où cette inscription a été découverte; le texte est presque
contemporain de la fondation de cette nouvelle ville.» — C'est à Vałaršapat
que Tigrane le Grand établit, comme colons, les juifs qu'il avait ramenés
captifs de Palestine. Vologèse fit restaurer la Nouvelle Ville (Նոր քաղաք) et
entourer de forts remparts, à la fin du IIe siècle de notre ère; cf. Dulaurier,
Recueil des historiens des Croisades. Documents arméniens (Paris, 1869), I,
p. 235, n. 1. — Vałaršapat ne devint la capitale religieuse de l'Arménie,
qu'à la fin du IVe siècle; cf. Alishan, *Ayrarat* (Venise, 1890) p. 203-234, et
H. Hübschmann, *Die altarmenischen Ortsnamen* (Strasburg, 1904), p. 469, et
les références y indiquées.

Fig. 2. — Troisième inscription latine d'Etchmiadzin.

Nouv. arch. miss. scient., t. XIX, fasc. 2 — M. Maclin,

Fig. 3. — Etchmiadzin. Bibliothèque et mur d'enceinte, côté sud.

Fig. 4. — Sainte Ripsimé.

Fig. 5. — Sainte Gayiané.

Fig. 6. — Clocher de l'église d'Oshakan.

autour de la ville de Valaršapat, ont construit une forteresse ou un mur d'enceinte dans le terrain qui sert actuellement d'école d'agriculture à l'Académie d'Etchmiadzin, dans la partie sud de l'endroit.

La légion Fulminata comprenait beaucoup de soldats arméniens chrétiens de l'Arménie romaine cis-Euphratique, près de Malatia [1]. Cela explique la présence de femmes chrétiennes à Valaršapat à cette époque et la naissance de la légende des saintes Ripsimiennes, qui n'a aucun rapport avec Grégoire l'Illuminateur et Tiridate. La légende de sainte Ripsimê est tout à fait indépendante. La légende de sainte Nouné en Géorgie est la continuation de la légende de sainte Ripsimê. Ce n'est que beaucoup plus tard que l'on a artificiellement lié les légendes les unes avec les autres. La légende de sainte Ripsimê, en soi, doit être considérée comme le résultat de l'influence romaine. Et la découverte d'une inscription latine, datée de l'an 175 de J.-C., à Etchmiadzin, mentionnant une légion comprenant de nombreux soldats chrétiens, est d'un grand poids dans la question, encore obscure, de l'introduction du christianisme en Arménie.

VISITE DE QUELQUES SANCTUAIRES ARMÉNIENS AUX ENVIRONS D'ETCHMIADZIN. — LE CHRISTIANISME POPULAIRE. — RESTES DE PAGANISME.

Mon intention n'est pas d'entrer dans beaucoup de détails sur ce sujet; je me réserve de coordonner et de synthétiser les documents recueillis dans un travail d'ensemble.

Il suffira, pour ne pas abuser de la place qui m'est accordée ici :

1° De consacrer une notice à chacun des sanctuaires visités par moi ;

2° De ranger sous quelques rubriques cardinales les traits dominants du christianisme populaire dans la région araratienne.

I

La cathédrale d'Etchmiadzin (fig. 17 et 21) et les chapelles de sainte Gaÿianê (fig. 5), de sainte Ripsimê et de Šołakath (fig. 4) constituent des sanctuaires particulièrement fameux aux yeux du peuple arménien; il en a été assez abondamment traité dans de nombreux ouvrages pour que nous n'entrions pas ici dans des détails

[1] Cf. A. HARNACK, *Mission und Ausbreitung des Christentums in den ersten drei Iahrhunderten*, 2ᵉ éd. (Leipzig, 1906), II, p. 166.

5.

à leur sujet ; nous mentionnerons seulement que le sanctuaire de Sourb Karapet, à Mouch, joue à peu près le rôle, aux yeux des Arméniens de Turquie, que jouent les sanctuaires sus-mentionnés aux yeux des Arméniens de Russie.

Ôšakan (Օշական) est le premier sanctuaire que je visitai, en compagnie du R. P. Komitas vardapet. Partis d'Etchmiadzin à 5 h. 10 du matin, nous y arrivons à 6 h. 25 ; les chevaux ont trotté presque tout le temps, bien que la pente soit raide à monter d'Etchmiadzin à Ôšakan. Le village s'étend en amphithéâtre au-dessus de la vallée très encaissée et très pittoresque du Khasał (Խասաղ). Nous visitons d'abord la propriété de la communauté d'Etchmiadzin, sise à l'écart du village et précédée d'un magnifique verger d'abricotiers. Dans l'église se trouve le tombeau de Mesrop Maštots ; c'est une restauration moderne. Près de l'église, on voit le tombeau de Vahan Amatouni, général arménien du vi⁰ siècle.

A Ošakan, il y a une fête célèbre au commencement de l'été, en l'honneur de saint Mesrop. De tous les villages environnants, on vient, on danse, on chante toute la journée ; les pèlerins arrivent la veille de la fête, qui commence ce soir même ; et l'on danse toute la nuit qui précède la fête. Le jour même de la fête, il est dit une messe spéciale pour le saint. La communauté d'Etchmiadzin vient, avec les élèves de l'Académie, pour chanter, à la messe, la liturgie du jour. Puis a lieu un office en l'honneur de saint Mesrop. On se rend à la propriété du couvent et l'on déjeune dans le verger d'abricotiers ; la confrérie et les élèves chantent des chansons nationales, tandis que partent les villageois, après la liturgie, qui a duré de 10 heures à midi.

Ôšakan est un village exclusivement arménien et doit son nom, d'après une étymologie populaire, à sa belle situation sur le ravin du Khasał : *och* « oh ! » *akn* « œil » : oh ! quelle merveille pour les yeux ! Du reste presque tous les villages situés sur les flancs de l'Alagueuz sont arméniens ; seuls quelques villages musulmans tatares font exception à cette règle.

Les musulmans, kurdes et tatares, viennent tous à la fête de saint Mesrop. Ils apportent des offrandes de tout genre : poulets, coqs, argent, bandeaux, etc. Les femmes, chrétiennes ou musulmanes, qui n'ont pas d'enfants et en désirent, volent des objets dans l'église. Lorsqu'elles ont un enfant, elles rapportent l'objet volé accompagné de nombreux cadeaux.

Lorsque des femmes stériles, chrétiennes ou musulmanes, veulent obtenir un enfant [1], elles apportent leur ceinture au curé d'Ôšakan ; il la prend, lit un passage de l'Évangile, prononce une prière et remet lui-même la ceinture autour des reins de l'impétrante. Si elles ont un enfant dans les douze mois qui suivent, elles reviennent et font un cadeau à l'église.

Les habitants d'Ôšakan sont cultivateurs et ont beaucoup de bétail. Quand les vaches sont malades, on fait faire des prières par le curé d'Ôšakan.

Ces usages se pratiquent aussi dans les autres villages, aux fêtes des grands saints de ces villages respectifs ; mais la célébrité du tombeau de saint Mesrop attire une très forte clientèle à Ôšakan.

Le tombeau de saint Mesrop est situé dans une crypte sous l'autel ; une pierre tombale en marbre blanc a été posée en 1882 sur la vieille pierre sépulcrale du tombeau. Au pied de ce dernier se trouve un khatchqar [2] et, à côté, un autel pour dire la messe. Je n'ai relevé d'inscription ni dans la crypte ni sur le khatchqar. L'église actuelle d'Ôšakan est nouvelle et la construction fut achevée du temps du catholicos Georges IV, en 1879 d'après l'inscription qu'on lit au-dessus de la porte d'entrée. On a démoli une église du vᵉ siècle, qui était petite mais avait sa grande valeur historique, et on l'a remplacée par une église moderne sans goût (fig. 6).

Ôšakan est réuni à Aštarak [3] par de belles vignes, abondamment arrosées par les ruisseaux qui proviennent de la neige fondante de l'Alagueuz ; nos chevaux mettent vingt-cinq minutes pour franchir la distance qui sépare ces deux villages. Aštarak a une chapelle intéressante, des restes d'anciennes églises, des vieux cimetières curieux ; les mentions d'Aštarak commencent au ixᵉ siècle ; ce village est connu par tous les Arméniens à cause de ses chansons ; sa renommée tient à ce qu'il donna le jour au catholicos Nersès V [4], fondateur du séminaire Nersessian, à Tiflis ; Nersès V joua un

---

[1] Voir des pratiques analogues citées par Édouard MONTET, *Le culte des saints musulmans dans l'Afrique du Nord*, et plus spécialement au Maroc (Genève, 1909), p. 24 (*Mémoire publié à l'occasion du Jubilé de l'Université*).

[2] Pierre sculptée, ayant comme motif principal, au centre, une croix. On en verra des exemples dans ALISHAN, *Aÿrarat* (Venise, 1890), p. 176 ; ALISHAN, *Sisakan* (Venise, 1893), p. 24, 48.

[3] Pour plus de détails, voir ALISHAN, *Aÿrarat* (Venise, 1890), p. 185 et suiv.

[4] Nersès V Aštaraketsi, 1843-1857.

grand rôle politique en aidant les Russes contre les Persans pour annexer et russifier cette partie de l'Arménie [1]. C'est à Aštarak que naquirent le poète Chah-Aziz et l'ethnographe romancier Procheants. Les gens d'Aštarak sont connus par leurs jurons [2], leurs vins et leurs alcools.

En passant à Aštarak, le matin, nous avons dépassé un enterrement d'enfant : le prêtre marchait en tête du cortège, psamoldiant des *šarakans;* deux ou trois hommes le suivaient, tête découverte ; puis deux hommes portaient le petit cercueil, découvert, entouré de papier rose, au moyen de ficelles passées à chaque extrémité ; un troisième porteur tenait sous le bras le couvercle du petit cercueil également recouvert de papier rose. Mais on ne voyait pas le corps de l'enfant. Cinq ou six hommes fermaient la marche. Les femmes arméniennes ne vont pas au cimetière. Elles vont à l'église, assistent à l'office ; aussitôt que la liturgie est achevée, elles sortent de l'église et se rendent chez la mère de l'enfant pour la consoler. Les hommes seuls vont au cimetière.

Le soir, en revenant, à Aštarak, presque au même endroit que le matin, nous rencontrons un second enterrement d'enfant ; cette fois, la bière n'était pas portée par deux hommes. Un homme portait, dans ses bras, le petit cadavre enveloppé dans un châle. Le prêtre psalmodiait ; quatre ou cinq hommes seulement suivaient.

D'Aštarak à *Mulni* [3], vingt-cinq minutes au trot de nos chevaux. Mulni est célèbre par son église consacrée à saint Georges et par le grand pèlerinage qui s'y fait en automne, à la Saint-Georges [4]. L'église n'est pas ancienne. On n'en a une mention qu'au xvie siècle [5] ; l'église d'aujourd'hui a été construite en 1669.

---

[1] Erivan et son territoire appartiennent aux Russes depuis 1829.

[2] Un folkloriste européen se rendit, sur le conseil de quelques religieux d'Etchmiadzin, à Aštarak pour recueillir des jurons et des expressions populaires ; la crudité des premiers qu'on lui cita fut telle qu'il renonça à continuer son enquête et à publier le résultat de ses recherches.

[3] Pour plus de détails, voir ALISHAN, *Aÿrarat* (Venise, 1890), p. 182. L'orthographe arménienne flotte entre *Մողնի* et *Մուղնի.*

[4] Cf. Perdj PROŠEANTS, *Sós et Vardither* (Bakou, 1903), 3e édit., p. 317 et suiv. La fête a lieu du 20 au 30 septembre.

[5] Cf. DE MÓNI, *Histoire critique de la creance et des coûtumes des nations du Levant...* (Francfort, 1684), p. 218 : «Mueni, episcopatus novus a 90. annis : distat 4. leucis ab Egmiathin versus Septentrionem.»

Fig. 7. — Eglise de Saint-Georges, à Mulni.

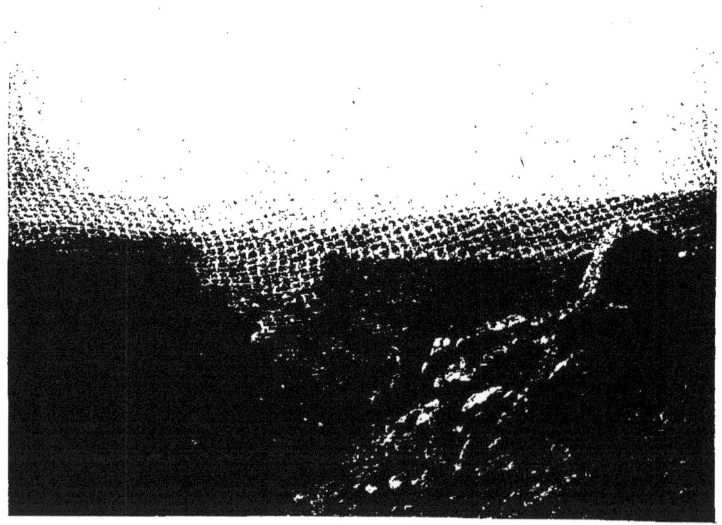

Fig. 8. — Vallée du Khasal.

Je crois utile de reproduire ici deux vues photographiques que j'ai prises de cette région ; l'une (fig. 7) représente l'église de Saint-Georges à Mułni ; l'autre, une vue panoramique (fig. 19), donnera une idée des environs de Mułni et des attelages des vignerons arméniens. J'y attache d'autant plus d'importance que les vues données par Alishan dans *Aÿrarat* sont fautives ; voici quelques-unes des erreurs que j'ai relevées, à ce propos, dans l'ouvrage du savant Mekhithariste :

1° Alishan (*Aÿrarat*, p. 182) donne la vue de l'église de Mułni ; c'est une erreur ; c'est peut-être la vue d'une église de Tiflis.

2° Alishan (*Aÿrarat*, p. 205) donne la vue du bazar de Vałar-šapat ; autre erreur, car dans cet endroit il n'y a ni mosquée, ni église surélevée au-dessus des maisons. C'est peut-être une vue du bazar d'Erivan.

3° Alishan (*Aÿrarat*, p. 235) donne une vue de Šołakath ; il s'agit en réalité de Sainte-Gayianê.

4° Alishan (*Aÿrarat*, p. 242) donne une vue de l'église de Sainte-Gayianê ; mais il s'agit de Sainte-Ripsimê. Voir notre fig. 4.

Étant donné la grande renommée de saint Georges, un certain nombre de miracles se produisent couramment dans son sanctuaire.

Quand un malade veut être délivré d'une maladie, il fait forger une statuette en fer ; on la pose sur le tombeau du saint. Si la guérison s'ensuit, on fait un cadeau à l'église.

Pour avoir un enfant, une femme se procure un collier et le place sur le tombeau ; ensuite elle le porte au cou jusqu'à ce qu'elle ait un enfant. M. Lalayan, de Tiflis, possède dans sa collection ethnographique un collier de ce genre ; c'est une tige de fer d'un demi-centimètre de diamètre, torsadé et arrondi de façon à pouvoir être mis facilement autour du cou.

Pour se guérir d'un mal au pied, on fait ou on fait faire un bout de fer ayant plus ou moins la forme d'un pied et on le pose sur le tombeau du saint, dont on espère la guérison. M. Lalayan en possède un exemplaire dans sa collection.

De Mułni à *Karpi* [1], vingt minutes au trot. Karpi est un village

---

[1] Pour plus de détails, voir ALISHAN, *Aÿrarat*, p. 177 et suiv., où l'on trouvera expliquées les différentes orthographes de Կարբի, Կարբի, Քարբի.

qui a donné, au moyen âge, son nom à tout ce district ; la plus ancienne mention de Karpi date du xiii⁰ siècle.

Pas loin de Karpi, le village d'*Usi* (Ուշի) actuellement habité par des Tatares. Il a un monastère, en ruines, de saint Sargis, où on lit la date de 1329. Au xvii⁰ siècle, ce monastère fut reconstruit par le célèbre Oskan, qui fit la première édition de la bible arménienne [1] à Amsterdam.

Sur la route, nous rencontrons, outre les Arméniens, les Tatares et les Kurdes, qui sont les habitants ordinaires de ce coin de pays, quelques Juifs. Ce sont de petits marchands, qui n'habitent pas ces villages, et qui y vont pour leurs affaires : ils achètent aux paysans des poulets ou des œufs et les revendent en ville. Ils vendent aux paysans du fil et des menus objets d'un usage courant. Ils habitent Erivan et parlent arménien. Ils sont issus généralement de la colonie juive établie depuis longtemps à Ourmiah et portent le costume persan. — A Akhaltsykh, il y a une centaine de familles juives indigènes, qui parlent un idiome géorgien. Depuis 1830 que la ville est arménienne, ils parlent le dialecte arménien d'Erzeroum. Ce sont généralement de petits marchands ; il n'y a parmi eux ni artisans, ni agriculteurs. Les uns ont des magasins ; mais la plupart sont colporteurs. On en compte aussi dans le gouvernement de Koutaïs. (Ils jouent un grand rôle dans la légende de sainte Nouné.) Des Juifs montagnards habitent le Daghestan et parlent un idiome proche parent du persan, que l'on appelle *thath*. — Tous ces Juifs, anciennement établis dans la Transcaucasie, sont venus de la Perse. Ils jouissent de plus de liberté que les Juifs de Russie [2].

Nous arrivons à *Salmosavankh* [3] à 10 h. 40, après avoir quitté la grande route et être descendus de voiture pour permettre à nos chevaux de hisser parmi les rochers notre *phaéton,* jusqu'au village. L'église (fig. 9), admirablement située, domine la vallée rocheuse et sauvage du Khasal (fig. 8). En suivant cette vallée, à droite, on aperçoit Yohannavankh, Mulni, toute la plaine et, dans le lointain, les deux Ararat. Derrière l'église, de l'autre côté

---

[1] Cf. F. Macler, *Mosaïque orientale...* (Paris, 1907), p. 41 et suiv.

[2] Fauste de Byzance parle déjà de Juifs transplantés par Tigrane le Grand.

[3] Pour d'autres détails, voir Alishan, *Ayrarat,* (Venise, 1890), p. 162 et suiv.

Fig. 9. — Eglise de Salmosavankh.

Fig. 10. — Parois de l'Eglise de Salmosavankh.

du Khasał, le mont Ara, nu et jaune; face à l'église, les sommets neigeux de l'Alagueuz. La population est moitié tatare, moitié arménienne, et ces deux groupements vivent en bonne intelligence. Les musulmans sont trop pauvres pour avoir une mosquée et, lorsqu'ils veulent prier, ils vont à l'église.

Nous sommes sur une élévation, et, malgré cela, des ruisseaux abondants irriguent le village et les champs qui sont alentour. Cette eau descend de l'Alagueuz, qui est la providence de toute cette région; elle se répand dans la plaine d'Etchmiadzin [1]. Un peu avant d'arriver à Sałmosavankh, alors que nous avons mis pied à terre, nous traversons de grands troupeaux appartenant à des Tatares campés dans les rochers. Leurs tentes sont beaucoup plus petites que celles que j'ai vues chez les Bédouins arabes de Syrie. Les hommes paressent, tandis que les femmes ont la charge de tous les travaux domestiques; elles sont plus vives, plus colorées, plus rondelettes, plus brunes que les chrétiennes, qui sont pâles, presque jaune citron, souffrant de la fièvre.

Nous allons déjeuner dans le ravin de Khasał (fig. 8), par un chemin impossible, à une demi-heure du village, dans une charmante petite grotte où coule une eau limpide; elle est située à quelques mètres au-dessous d'une chapelle en ruines, dont il ne subsiste que la façade et qui porte le nom de Thoukh Manouk. Tout à l'entour, abondent les noyers touffus, ainsi, du reste, que dans toute la vallée du Khasał.

Sałmosavankh, d'après la légende, a été fondé par Grégoire l'Illuminateur. C'est du xiiie siècle, que date l'église d'aujourd'hui, lorsque Zakharé, généralissime de la reine Thamar, conquit l'Ararat sur les Musulmans. C'était au temps le plus brillant de l'histoire géorgienne, à l'époque où le royaume d'Arménie n'existait plus. Le mémorial le plus ancien sur les parois de l'église (fig. 10) est de 664 È. A. (= 1215 J.-C.). Sałmosavankh signifie : monastère des

---

[1] En été, jusqu'à la fin d'août, il fait très chaud dans la région d'Etchmiadzin; heureusement que, pendant les fortes chaleurs, un vent régulier commence à souffler l'après-midi et dure jusqu'à minuit; on le nomme *lousavortcha kami*, c'est-à-dire : vent de l'Illuminateur. C'est un vent local à Etchmiadzin, causé par la différence de température entre la plaine et le plateau de Sevan, qui a plus de 6,000 pieds d'altitude. Plus il fait chaud, plus le vent est fort; il souffle toujours dans la même direction et, dans la plaine, les peupliers sont tous inclinés vers le Sud-Ouest.

psaumes, parce qu'on y chantait surtout des psaumes [1]. Ce monastère est très connu par les manuscrits qui y ont été exécutés.

M. Galoust Têr Mkrttchean a trouvé deux grands manuscrits, écrits à Saɫmosavankh au xıı⁰ siècle; c'est la plus ancienne mention de Saɫmosavankh [2]. Il a démontré que l'un doit avoir été copié entre 1185 et 1188, et l'autre doit être un peu plus ancien. Ce sont deux martyrologes, qui sont conservés à la bibliothèque d'Etchmiadzin; à cette date, l'église de Saɫmosavankh n'était pas encore construite.

Voici une légende que me raconta le vieux curé de Saɫmosavankh :

Au sommet de l'Aɫagueuz, il y a une *lanterne* qui est suspendue au ciel, mais sans chaîne. Elle brûle toutes les nuits; elle n'est pas alimentée par de l'huile, mais par les larmes de saint Grégoire l'Illuminateur. Et ceux-là seuls peuvent voir chaque nuit la petite lumière, qui sont innocents et saints et ont le cœur pur.

Cette légende est déjà mentionnée par Siméon catholicos (xvııı⁰ siècle).

Ces lumières que l'on aperçoit de temps en temps au sommet de l'Aɫagueuz sont des fumerolles du volcan (l'Aɫagueuz est un grand volcan éteint) et l'on trouve encore aujourd'hui beaucoup de soufre sur son sommet. Vaɫaršapat, Erivan, Alexandropol limitent une aire de 100 kilomètres constituée par les laves de l'Aɫagueuz.

Tandis que l'église de Saɫmosavankh est en parfait état de conservation, celle d'*Yohannavankh* [3] présente un état délabré qui fait peine à voir [4]. Elle domine majestueusement la vallée du Khasaɫ; on y remarque à l'extérieur quantité de croix et de motifs

---

[1] Cf. DE MONI, *Histoire critique de la creance et des coûtumes des nations du Levant...*, (Francfort, 1684), p. 218 : « Salmasavanch, episcopatus prope Mueni : distat 5. leucis ab Egmiathin. In hac Ecclesia olim erat perpetua psalmodia. Salmes armeniacè est Psalmus, unde dictum est Salmasavanch »

[2] Cf. GALOUST TÊR MKRTTCHEAN, *Agathangelosi albiwrnerist. Yišatak datak-nkhach Goria iev Šmoni vkayich or vkayechin yourha...*, (Vaɫaršapat, 1896), p. 42-59 (Ագաթանգեղոսի աղբիւրներից· Յիշատակ դատակնքաց Գործա եւ Շմոնի վկայից որ վկայեցին Յուռհա).

[3] Pour plus de détails, voir ALISHAN, *Ayrarat* (Venise, 1890), p. 165 et suiv.

[4] L'église de Saɫmosavankh est en bon état, parce qu'elle a été réparée récemment par ordre du catholicos Khrimian, pour la somme de 3,000 roubles. Yohannavankh attend encore son Khrimian.

Fig. 11. — Yohannavankh.

Fig. 12. — Zwarthnots. Chambres du palais pontifical.

ornementaux très variés. J'y étais par un violent orage et les vues
que j'en ai prises ne sont pas satisfaisantes (fig. 11).

A Yohannavankh, la grande fête a lieu le jour de la Transfiguration. Le curé de l'endroit me dit que, dans son enfance, on célé-
brait de nombreuses fêtes à Yohannavankh; elles ont cessé, à l'exception de celle de la Transfiguration; le peuple, là comme dans
les autres fêtes de villages, danse et chante autour de l'église.

La légende attribue également la fondation d'Yohannavankh à
Grégoire l'Illuminateur. On sait que Grégoire apporta de Césarée
les reliques de Jean (Agathange et autres). Parmi les mentions plus
ou moins historiques, on raconte qu'un certain Movsès (= Moïse),
évêque géorgien, mécontent de son catholicos géorgien Kirion, se
sauva et vint à Yohannavankh pour se plaindre au catholicos arménien. Nous avons des lettres de ce Movsès et du *locum tenens*
arménien du temps, Vrthanès Kertogh (fin du vi[e] et début du
viie siècle). On consultera avec fruit, sur ce sujet le *girqh tłtots*,
publié à Tiflis, sur l'unique manuscrit des PP. Antoniens d'Ortakeuy (Constantinople) [1]. Après le viie siècle, les mentions sont
plus fréquentes. La construction date du xiiie siècle, comme celle
de Sałmosavankh; on lit une quantité de mémoriaux sur les parois de l'église. L'histoire de Zakharie sarkawag (xviie siècle), historien de ce monastère, renferme, à côté de renseignements historiques importants, des récits légendaires [2]. C'était un évêché
important au xviie siècle [3].

A *Gełard* (Kéghart), près d'Érivan, à 40 kilomètres environ
de cette dernière localité, vers les montagnes qui séparent le lac
de Sevan du district d'Érivan [4], une église, taillée dans le rocher,
ouvre sur une gorge escarpée d'un accès très difficile. Dans
l'église de la Sainte-Lance (գեղարդ = lance), se rendent surtout

---

[1] Սահակ մեսրոպեան մատենադարան է. դերք թղթոց մատենագրութիւն նախնեաց (Tiflis, 1901).

[2] Զաքարեայ սարկաւագի պատմագրութիւն. Հատոր երրորդ (Vałaršapat, 1870); — traduit en français dans Brosset, *Collection d'historiens
arméniens* (Saint-Pétersbourg, 1876), t. II, p. 1-189.

[3] De Moni, *Histoire critique de la creance et des coûtumes des nations du
Levant...*, (Francfort, 1684), p. 218 : «Johanavanch, id est, S. Joannes,
episcopatus magnus in Provincia Ararath : distat quatuor leucis ab Egmiathin».

[4] «Kickart, episcopatus deletus prope Egmiathin. Kickart, id est, lancea
Christi, quæ erat in hac Ecclesia», De Moni, *op. cit.*, p. 218.

les familles qui n'ont pas d'enfants. Les jeunes femmes croient que, pour avoir un enfant, il faut, entre autres actes à accomplir, voler un chandelier à l'église ; elles le gardent chez elles jusqu'à ce que l'enfant soit né. Lorsque l'enfant est né, on rapporte l'objet volé en double exemplaire, c'est-à-dire deux chandeliers au lieu d'un.

L'enfant né à la suite de ce pèlerinage est vêtu de blanc. Si c'est un garçon, on le nomme Géłam, et si c'est une fille, on la nomme Annakhathoun. Les cheveux de l'enfant ne sont jamais coupés. Quand il est assez grand pour faire lui-même le pèlerinage avec ses parents, c'est le vardapet du monastère qui est prié de couper, avec des ciseaux, une mèche des cheveux de l'enfant. Puis un *matał*[1] a lieu, comme dans les autres pèlerinages.

II

De bonnes monographies ont déjà été consacrées au paganisme arménien[2] ; mais il s'agissait là du paganisme de l'Arménie avant le christianisme, et c'étaient avant tout des renseignements livresques qui étaient communiqués aux lecteurs qu'intéresse ce genre d'études.

Comme je l'ai dit plus haut, j'eus l'occasion de relever, dans les pratiques religieuses des Arméniens de nos jours, des vestiges indubitables de paganisme et j'en notai quelques-uns. La matière a, du reste, été déjà l'objet de travaux auxquels il me faut d'abord renvoyer le lecteur[3]. Je donnerai ici ce que j'ai vu et recueilli sur place, comme traces de paganisme facilement reconnaissables dans les pratiques chrétiennes des Arméniens de Russie.

Culte des arbres. — M. Galoust Têr Mkrttchean[4], religieux à

---

[1] Cf. *infra*, p. 77.

[2] Voir surtout : *Recherches sur le paganisme arménien*, par J.-B. EMIN. Traduit du russe par A. DE STADLER, dans *Revue de l'Orient...*, (Paris, 1864), t. XVIII, p. 193-244. — L. ALISHAN, *L'ancienne foi ou le paganisme de l'Arménie* (Venise, 1895) en arménien : Հին Հաւատք կամ Հեթանոսական կրօնք Հայոց. — H. GELZER, *Zur armenischen Götterlehre*, dans *Berichte der Königl. Sächs. Gesellschaft der Wissenschaften*, 1896, p. 99-148. — A. CARRIÈRE, *Les huit sanctuaires de l'Arménie payenne, d'après Agathange et Moïse de Khoren...*, (Paris, 1899).

[3] Cf. Dr Manuk ABEGHIAN, *Der armenische Volksglaube* (Leipzig, 1899), et surtout la revue *Azgagrakan Handès*, publiée à Tiflis par M. Lalayan (1re année, 1895), qui est une mine inappréciable de renseignements sur ce sujet.

[4] Âgé de 50 ans en 1909.

Etchmiadzin, me raconte que dans sa jeunesse il y avait près de son village, Tzougrout [1], une forêt où se trouvait un arbre sacré. Il y fit un pèlerinage avec sa mère, d'autres femmes et des jeunes filles. On allume des cierges devant l'arbre, on brûle de l'encens, on immole un agneau et quelques coqs; on rôtit la viande sur place, ou on la fait bouillir, on en mange et on en distribue à tous les assistants, qu'ils soient chrétiens ou musulmans. C'est un *matal* [2]. Chaque pèlerin prie pour un but spécial, guérison de maladies réputées incurables, réussite dans les affaires, etc.; c'est également une œuvre de piété et une forme d'action de grâces. L'arbre est placé sous la sauvegarde de tout le monde; on ne doit pas en couper la plus petite parcelle. Les malades déchirent des chiffons de leurs vêtements et les attachent à l'arbre; ils croient ainsi laisser la maladie à l'arbre.

Culte autour des vieilles églises. — On fait des pèlerinages partout où il y a des églises en ruines, ou des croix en pierres ciselées ou dans les tombes désaffectées. M. Galoust Têr Mkrttchean, fils d'un prêtre arménien marié (khahanay), se rappelle avoir fait, dans sa jeunesse, un pèlerinage avec sa mère, aux principales ruines d'églises arméniennes, géorgiennes et musulmanes, sises dans les environs de son village. Les femmes musulmanes viennent souvent visiter les églises chrétiennes; elles baisent avec dévotion les pierres, les murs, apportent des bougies, des coqs, font des *matal*, pour obtenir des enfants. La seule différence, c'est que, pendant ces actes de dévotion, les chrétiennes font le signe de la croix, tandis que les musulmanes ne le font pas [3]. Les unes et les autres, en priant, se prosternent et baisent le sol.

[1] Près de la ville d'Akhaltsikh, gouvernement de Tiflis.

[2] Cf. CONYBEARE, *Rituale armenorum* (Oxford, 1905), p. 67 et suiv., et à l'index, p. 534, où l'auteur identifie l'arménien *Matal* (ﬔﬗﬕﬗﬔ) au grec ματάλιον, *an animal victim*, et CHIRVANZADÊ, *La Possédée*, traduction d'Archag TCHOBANIAN (Paris, 1910), p. 56 et suiv. (Petite bibliothèque arménienne, t. I).

[3] Le contraire a lieu à Hamšen, où les femmes, qui sont musulmanes, font le signe de la croix. Cela s'explique par le fait suivant : il y a deux ou trois siècles, ce district était entièrement arménien; mais la barbarie des Turcs y a presque exterminé la nation arménienne : des dizaines de milliers d'Arméniens ont accepté l'islamisme et actuellement sont appelés Turcs, quoiqu'ils parlent encore leur ancien dialecte. Cf. H. ADJÁRIAN, *Classification des dialectes arméniens* (Paris, 1909), p. 58-59.

Culte dans les vieilles carrières. — Les carrières abandonnées sont également objet de pèlerinage. Dans une grande carrière de pierres, de la région de Tzougrout, a lieu chaque année, le jour de Pâques, un grand pèlerinage. D'après une tradition locale, cette carrière, devenue une sorte de caverne, renferme des nonnes chrétiennes; ce sont des jeunes filles qui se réfugièrent là pendant les persécutions des infidèles et elles sont vivantes jusqu'à ce jour. Une fois l'an, à Pâques, elles chantent des hymnes et certaines femmes prétendent entendre leurs chants. M. Galoust se rappelle très nettement qu'étant enfant il vit les coquilles rouges des œufs de Pâques mangés par les jeunes filles enfermées et qu'elles jettent par un trou hors des rochers pour ne pas souiller leur demeure. Là, comme ailleurs, le pèlerinage se termine par un *matal*.

Culte des vieux manuscrits. — Les vieux manuscrits de l'évangile sont aussi objet de pèlerinage et constituent un excellent rapport pour leurs détenteurs. Ces vieux évangéliaires ont chacun leur nom; voir ce que j'ai noté à ce sujet, p. 49, n. 2. Le R. P. Mesrop épiskopos Têr-Movsesean me raconta (en août 1909) qu'un paysan des environs d'Etchmiadzin possédait un vieux manuscrit de l'évangile, objet d'un grand pèlerinage. Le clergé de l'endroit voulut qu'on le transportât à l'église, pour en tirer quelque profit. Mais les paysans n'allèrent pas en pèlerinage à l'église; ils continuèrent à se rendre à la maison du paysan, qui finit par recouvrer son précieux trésor et vit sa recette doubler de ce chef.

Srwantsteantz (Թորոս Աղբար, Constantinople, 1879 et 1884, *passim*) donne quelques renseignements intéressants relatifs au culte des vieux manuscrits.

1° Dans un des quatre couvents situés hors de la ville de Bitlis, qui s'appelle *sourb Amrdolou vankh* (couvent de saint Jean-Baptiste = fils de la stérile [ամբրդոյու en langage populaire = ամլորդի]), un manuscrit de la Bible, enluminé et doré, d'une exécution magnifique, par Martiros, en 1043 È. A. (= 1594 J. C.), dans la ville de Khizan, au sud de Bitlis.

2° Dans l'église de *Karmnak sourb Nšan*, une des quatre églises de Bitlis, qui s'appelle aussi *sourb Kirakos Kmbétavor* (= munie d'une coupole), un évangile appelé *Zmrout* (émeraude), avec des dessins de couleurs variées et belles; écriture très remarquable, par Sargis scribe, en 1053 È. A. (= 1604 J.-C.). Ce scribe est le frère du précédent.

3° A Erznga, dans l'église *sourb Sargis* (saint Serge), un manuscrit de la Bible, sur trois colonnes, enluminé et doré, par Yovseph scribe, à l'usage de Smbat, fils du connétable Léon.

4° Il y a plusieurs manuscrits nommés *Sasno* (de Sassoun), qui sont des chefs-d'œuvre d'art arménien et sont l'objet d'un pèlerinage spécial :

a. Dans l'église d'Aboutcheikh (province d'Akn = Éghine), un évangile, énorme, enluminé et doré, écriture erkathagir, reliure en argent, avec beaucoup de pierres précieuses; aux quatre coins de l'évangile, quatre reliques. L'argenture et la dorure sont dues à deux frères originaires de Sébaste;

b. Dans l'église de Saint-Georges à Akn, un évangile grand format, écriture erkathagir, à l'usage de la reine arcrunie Melextho, en 618 È. A. (= 1169 J.-C.), par Aristakès kronavor, dans les montagnes du Taurus, aux environs de Sassoun;

c. Dans le village de Binkay (բինկայ, province d'Akn) dans l'église du Saint-Archange, l'évangile *sassountsi,* copié en 822 È. A. (= 1373 J.-C.), par Grigor scribe.

5° Dans l'église *sourb Nšan* (saint Signe) du village Gueuldjuk, près du lac à quelque distance de Kharpert, un évangile enluminé, nommé Naškhoun (նաշխուն), copié en 793 È. A. (= 1344 J.-C.), par Karapet kronavor.

6° Les deux manuscrits suivants sont dénommés *oski* (or) :

a. Près de Palou, dans le village de Gueuktépé, chez Kechich Oghlou Donik, un évangile, écriture magnifique, enluminé;

b. Dans l'église du village de Pachavankh, près de Palou, un évangile de choix, sur parchemin, enluminé et doré.

7° Dans la maison de feu Tér Mekertitch, à Arkn, un *évangile* selon Jean, grand format, parcheminé, écriture erkathagir. Ce manuscrit a été restauré en 1048 È. A. (= 1599 J.-C.) par le relieur qui dit : « Cet évangile a été écrit par les Thargmanitchkh, et les derniers feuillets manquaient. Mais il faisait beaucoup de miracles aux personnes qui avaient mal aux pieds, et aux démoniaques ».

8° Dans l'église de Saint-Kirakos à Diarbékir, un évangile nommé Šêk (*254*), miraculeux, copié par Thomas kronavor, en 943 È. A. (= 1494 J.-C.), dans le couvent du Saint-Sauveur à Ałthamar (lac de Van).

Culte des serpents. — Le paysan arménien ne tue pas les serpents qui se trouvent dans une maison. Ce sont les serpents du foyer ; ils portent bonheur à la maison. Les serpents entrent dans les maisons à l'approche du froid.

M. Galoust se rappelle avoir vu dans sa jeunesse un serpent sortir d'un trou de l'étable. On voulait le tuer, mais sa mère s'y opposa et elle expliqua à son fils que chaque maison avait son serpent protecteur du foyer domestique.

Un jour, le R. P. Mesrop faisait des fouilles à Zwarthnots. Il aperçut, avec ses compagnons, un serpent blotti dans un trou du mur. Un paysan s'approcha du serpent, le prit par le cou, lui arracha les dents venimeuses ; puis il le lâcha, ne voulant pas le tuer, parce que c'était un animal protecteur du foyer. Lorsqu'il vit que le P. Mesrop et ses compagnons allaient tuer le serpent, le paysan se sauva, pour ne pas assister à cette mort.

Le paysan arménien distingue entre le bon et le mauvais serpent. M. Saint-Giron me raconte, à bord du *Bosphore*, l'histoire suivante. Son garde, Ali-Bek, Géorgien musulman, demeurant à Katip-khan, à 56 kilomètres de Batoum, sur la route d'Artvine, lui parla de guérisons opérées par des serpents. Dans chaque jardin d'un village arménien situé à quelques heures d'Artvine, il y a deux serpents, un blanc et un noir. On introduit le malade, complètement dévêtu, dans un de ces jardins ; il se couche sur le sol. Le serpent noir vient en premier lieu ; il s'étend de lui-même sur la partie malade. Si la guérison ne se produit pas, le serpent noir s'en rend compte et s'en va. Il va chercher le serpent blanc qui se dirige vers le malade, prend la place du serpent noir et assure la guérison.

Le roi et la reine des serpents ont sur la tête une pierre très précieuse qui brille d'un grand éclat. Dans la jeunesse de M. Galoust, lorsqu'on voyait au loin scintiller un objet quelconque au

soleil, un morceau de verre par exemple, on disait que c'était la
pierre précieuse du roi des serpents.

J'arrêterai là cette énumération des croyances et des pratiques
religieuses des Arméniens du Caucase, me réservant de donner
dans un travail d'ensemble une idée de ces manifestions religieuses
populaires, qui ont persisté à travers les âges en dépit des persécutions dont elles sont l'objet de la part de l'Église elle-même. Je
n'en citerai plus qu'un exemple, bien fait pour montrer la menta-
lité des paysans arméniens que je coudoyais chaque jour dans mon
voyage en Arménie.

Les femmes que l'on dénomme *enkavor* (ընկաւոր) sont des
lunatiques ou des épileptiques. Elles sont regardées par le peuple
comme frappées par quelque saint et elles se croient les servantes
de ce saint; alors le saint devient temporairement leur patron.
Pendant les fêtes populaires, devant les portes des églises, devant
les croix, devant les arbres ou les rochers sacrés, on voit souvent
ces femmes tomber, se prosterner et, en extase, articuler les ordres
du saint. Cela a lieu en cas de sécheresse ou d'inondation, de
famine ou de fléau de tout genre. Quelquefois elles révèlent des
choses relatives aux gens du village, par exemple : un tel, qui est
malade, ne guérira pas avant d'avoir accompli tel pèlerinage et
d'avoir immolé deux bœufs. Les unes sont sincères, d'autres
feignent, en vue d'un profit à obtenir. Généralement ce sont des
jeunes femmes. Cette coutume existe également chez les Géorgiens
et chez les Russes, sous le nom de *klikoucha*.

ZWARTHNOTS.

Le peuple arménien considère comme ses plus grands sanctuaires les cinq églises ou chapelles qui se trouvent, au pied de
l'Ararat, à Etchmiadzin et aux environs; ce sont la cathédrale
d'Etchmiadzin, Sainte-Ripsimé, Sainte-Gaÿiané, Sołakath et Zwarthnots. Tandis que les quatre premiers sont encore debout et très
bien conservés, grâce aux restaurations dont ils ont été l'objet au
cours des siècles, Zwarthnots n'est plus qu'un monceau de ruines,
dont on a dégagé le plan et les éléments architecturaux dans des
fouilles récentes.

La monographie la plus complète qui soit consacrée à Zwarthnots a été donnée par le R. P. Mesrop Têr Movsesean dans la

Revue ethnographique de Tiflis [1]. Un tirage à part, en arménien, renferme un abrégé en russe et en allemand de l'article arménien, et contient 25 planches très intéressantes [2].

Le couvent de Zwarthnots fut construit par le catholicos Nersès III, de 645-660 ; en 1000, il n'existait plus, détruit probablement par un tremblement de terre. En faisant bâtir ce couvent, le catholicos se proposait de ramener à Valaršapat le siège pontifical, alors que les catholicos arméniens résidaient à Dwin depuis la moitié du Ve siècle ; il construisit une église à trois étages et des bâtiments affectés à l'habitation du catholicos et de sa suite.

Pendant des siècles, les ruines du célèbre couvent ne furent qu'un monticule ensablé, recouvert d'une maigre végétation. En 1893, le R. P. Mesrop episkopos Têr Movsesean entreprit quelques fouilles, avec les élèves de l'Académie d'Etchmiadzin ; en 1900, le R. P. Khatchik fit des fouilles plus sérieuses, qui durèrent jusqu'en 1904 ; à ce moment, il fut exilé pour cinq ans ; mais au bout d'un an il revint et recommença ses fouilles, qu'il continue jusqu'à présent, avec un zèle digne de tout éloge. En dehors de la publication susmentionnée, du R. P. Mesrop, relative à ces ruines, l'architecte arménien, M. Thoros Toromanian, a préparé le plan des fouilles, de l'église et du palais pontifical ; il sera peut-être publié un jour.

Notice historique. — Je me bornerai à donner ici quelques indications sommaires ; le lecteur, désireux de plus amples renseignements, voudra bien se reporter à l'étude du R. P. Mesrop, susmentionnée.

L'unique source véridique, relative à la construction de Zwarthnots, est l'historien arménien Sebêos, écrivain contemporain des événements qu'il relate, et d'après lequel l'église fut bâtie en mémoire des anges que saint Grégoire l'Illuminateur aperçut dans sa vision ; voici le passage principal de son récit : « En ce temps-là, le catholicos arménien Nersès conçut le plan de se bâtir une demeure près des saintes églises de la ville de Valaršapat, sur la

[1] *Azgagrakan Handês* (Tiflis, 1907), fasc. xv, p. 85-132 et fasc. xvi, p. 139-196.

[2] *Etschmiadzin und die ältesten armenischen Kirchen* (s. l. n. d.) [Tiflis 1907]. In-8°.

route où, suivant la tradition, le roi Trdat alla à la rencontre de
saint Grégoire. Il y construisit aussi une église au nom des anges
du ciel, des milices célestes, qui étaient apparues en songe à saint
Grégoire. Il bâtit l'église, avec de hautes murailles et toutes sortes
de merveilles, dignes de l'honneur divin auquel il les consacrait.
Il amena l'eau de la rivière, rendit cultivable tout ce pays pier-
reux, planta des vignes et des vergers d'arbres fruitiers et entoura la
maison d'habitation d'un haut et beau mur, à la gloire de Dieu [1]. »

Après Sebêos, c'est Étienne Asołik de Tarôn qui est la source
la plus sûre, et les fouilles ont justifié ce qu'il dit, alors qu'il décrit déjà l'église en ruines.

Moïse Kałankatuachi ne peut pas être antérieur au xe siècle; il
n'a donc pas l'importance de Sebêos; dans les mémoires d'Anania
Mogatsi (xe siècle) on trouve la première mention de l'Histoire des
Ałuans de Moïse Kałankatuachi.

Dans les ouvrages de Thomas Arcruni, de Jean Catholicos,
d'Étienne de Tarôn, de Samuel d'Ani, de Mekhithar d'Aÿrivankh,
de Vardan, de Kirakos de Kandzag, c'est-à-dire jusqu'au xiiie siècle,
on trouve mention de cette église.

D'après le R. P. Mesrop Têr Movsesean, la construction dura de
645 à 655; chez Samuel d'Ani, on trouve la date de 654; chez
Mekhithar d'Aÿrivankh, celle de 641. Nersês construisit encore
deux autres églises, l'une à Khorvirab, l'autre à Dwin, laquelle
portait le nom de Saint-Sargis (d'après Jean Catholicos et Étienne
Asołik).

Jean Catholicos mentionne pour la première fois que, sous les
quatre colonnes de l'église, on mit les ossements de saint Grégoire;
la tête fut gardée en dehors, dans une armoire ou pupitre, nommé
զ գլուց. Étienne Asołik nomme cette église : de saint Grégoire, et
non pas Zwarthnots. Chez Moïse Kałankatuachi, on a une mention
des reliques de saint Grégoire. Il raconte que le grand prince a
apporté les restes de saint Grégoire, de Thrtan (où fut enseveli
Grégoire, d'après Fauste de Byzance), et on les mit dans l'église
de la ville de Vałaršapat, que construisit Nersès au nom de saint
Grégoire. Vardan dit que les restes de saint Grégoire ont été
apportés de Constantinople.

<hr>

[1] Cf. Sebêos, *Histoire d'Héraclius*, éd. Patkanian (Saint-Pétersbourg,
1879), p. 118-119 et trad. Macler (Paris, 1904), p. 111.

Fauste de Byzance dit que saint Grégoire a été enseveli à Thrtan, dans le tombeau de ses aïeux. Chez Moïse de Khoren, on a déjà le nom de l'anachorète Garnik qui découvrit les restes de saint Grégoire. Lazare de Pharbe mentionne les reliques de saint Grégoire ; donc, vers la fin du v⁰ siècle, le culte de ces reliques existait. Chez Łevond, Nersês est appelé le šinoł (constructeur) de saint Grégoire.

Le nom de saint Grégoire, donné à l'église, l'a été, d'après le R. P. Mesrop Têr Movsesean, après la translation des restes de saint Grégoire dans l'église [1]. Il me semble — et c'est aussi l'avis de M. Galoust Têr-Mkrttchean — que dans la dénomination de l'église, nous avons un jeu de mot basé sur le grec : Zwarthouu (*զուարթուն*) = Ἐγρήγορος, vigile, ange qui ne dort pas. Très probablement on a expliqué Grégoire par Egrégore, comme Zwarthnots par Zwarthoun. Dans les hymnes en l'honneur de Grégoire, il est souvent appelé Zwarthoun ; ces deux appellations se lient et se recouvrent, puisque saint Grégoire est vénéré comme un ange.

Sebêos parle de la construction de l'église de Zwarthnots ; Étienne de Tarôn parle de l'église en ruines.

Quand eut lieu la destruction ?

Le R. P. Mesrob Têr-Movsesean fait observer que Moïse Kałankatuachi ne connaît pas les ruines ; il décrit l'église comme étant debout et ajoute que l'empereur Constantin fit les frais de construction.

Nous ferons observer au savant évêque d'Etchmiadzin que Moïse Kałankatuachi est avant tout un compilateur ; on rencontre chez lui des fragments du vᵉ ou du vɪᵉ siècle, copiés purement et simplement ; ici, il a utilisé un document où l'église était debout, alors que de son vivant elle était déjà en ruines.

Chez Thomas Arcruni, après le tremblement de terre de Dwin, le catholicos Kevork, lorsque l'église de Dwin eut été ruinée, vint habiter dans l'église de Saint-Grégoire, bâtie par Nersês. Donc, au ɪxᵉ siècle, l'église était encore debout. L'histoire de Thomas Arcruni va jusqu'en 930 et il n'y est pas fait mention de ruine de l'église ; donc celle-ci était encore debout en 930.

---

[1] C'était déjà l'opinion d'Alishan, citée par J. Strzygowski, *Das Etschmiadzin-Evangeliar*, p. 13.

Même observation à faire en ce qui concerne les données fournies par Jean Catholicos. Donc l'église tomba en ruine au x⁰ siècle entre 930 et 1000.

Mekhithar d'Aÿrivankh rapporte que l'église fut *ruinée* par les Tadjiks ; Kirakos de Kandzak donne le même renseignement. Ce n'est pas l'avis à Etchmiadzin actuellement ; le R. P. Mesrop et quelques autres religieux de cette communauté pensent que l'église fut détruite par un tremblement de terre ; leur opinion n'est basée sur aucune donnée historique ; ils estiment que, si les Arabes, par fanatisme musulman, avaient détruit l'église chrétienne de Zwarthnots, ils n'auraient pas manqué de détruire également les autres sanctuaires de la région, c'est-à-dire Etchmiadzin, Ripsimê, etc.

Note archéologique. — J'ai visité Zwarthnots à plusieurs reprises ; la première fois, je m'y suis rendu en voiture ; départ d'Etchmiadzin 3 h. 30, arrivée à Sainte-Ripsimê à 3 h. 38 et à Zwarthnots à 3 h. 55 ; les chevaux ont trotté tout le temps ; cela représente une distance de 4 à 5 kilomètres d'Etchmiadzin à Zwarthnots. Nous avons là les ruines d'une église arménienne du vii⁰ siècle, construite par le patriarche Nersés Šinoł, originaire du Taÿkh ; elle est célèbre par son architecture ronde à trois étages ; les vues et les coupes de l'église et du couvent, exécutées par l'architecte Toromanian, sont exposées dans le musée constitué par le R. P. Khatchik ; on ne peut pas s'en procurer encore, car le savant architecte se réserve de publier le résultat de ses travaux sur l'architecture arménienne de cette époque. La chose est d'autant plus désirable que nous sommes fort mal renseignés, jusqu'à présent, sur l'art arménien et sur les influences qu'il a subies, du côté byzantin [1] ou du côté persan.

[1] On me donne, à Etchmiadzin, les renseignements suivants (août 1909) depuis un an environ, on a découvert quatre basiliques en Arménie :

1° Le professeur Marr a fait des fouilles à *Ererouik* ; on a démontré que l'ancienne église était une basilique du v⁰ ou du vi⁰ siècle ; l'architecte Toromanian s'est occupé activement de cette basilique ;

2° A Aparan, dans un village nommé *Bach Aparan* (tête d'Aparan), est une ancienne église, de même architecture, mais pas encore suffisamment étudiée ;

3° A *Eghevart*, près d'Erivan, on signale une église-basilique de même architecture et de la même époque ;

4° L'église de *Tikor* (Digor) est probablement de la même architecture ;

Zwarthnots est sur une ondulation de terrain, au milieu du haut plateau araratien; la vue est grandiose sur toute la plaine; au couchant, les quatre églises d'Etchmiadzin, de Gaÿiané, de Šolakath et de Ripsimé dressent leurs gracieux clochetons au milieu de la verdure qui les entoure; au levant, les taches vertes des jardins et des vignes d'Erivan tranchent nettement avec le terrain jaunâtre qui se prolonge jusqu'aux montagnes de Sevan; au nord, l'Alaguenz, dont les neiges fondantes irriguent toute la contrée et donnent la vie aux vignes comme au temps du patriarche Noé; au sud, les deux Ararat, le petit ayant en été la forme d'un pain de sucre, le second dominant, avec son casque étincelant de blancheur, toute la plaine qui s'étend à ses pieds; sa masse sombre et grandiose se détache nettement sur les montagnes environnantes, claires, paraissant presque blanches, à côté du géant séculaire.

Les ruines de Zwarthnots sont à l'est d'Etchmiadzin, dans un endroit que les historiens arméniens, en particulier Moïse de Khoren, nomment *arapar* (*աոաոպաոի*) c'est-à-dire désert, lieu sans eau. Quelques autres historiens dénomment cette ancienne église; *arapari sourb Grigor*, c'est-à-dire *Saint-Grégoire du désert*.

Nersês Šinol fit construire des aqueducs qui amenèrent l'eau de la rivière Khasal; ces mêmes canaux ont été réutilisés récemment par le R. P. Khatchik, qui a ainsi ramené la fraîcheur et la végétation dans un endroit desséché depuis le xe siècle.

Autour de Zwarthnots, dans la direction du sud, on aperçoit des élévations de terrain qui sont, pour le P. Khatchik, les vestiges de l'ancienne Valaršapat ruinée. Déjà chez Agathange, l'emplacement de Sourb Ripsimé est bien indiqué comme étant au nord-est de Valaršapat, ce qui correspond à la situation actuelle; il me semble donc impossible de localiser Valaršapat à Zwarthnots, qui est encore plus à l'est de Valaršapat que Ripsimé.

Y avait-il des constructions en cet endroit, avant l'édification de l'église? En dehors de la périphérie de l'église, on remarque des restes de murs, ce qui porte à croire qu'il y avait des constructions avant l'église.

ce serait une ancienne basilique, transformée sur un autre modèle; elle sera étudiée par le professeur Marr. — Tout ce que l'on a écrit sur l'architecture arménienne ancienne est à refaire entièrement; on ne pourra se mettre à l'œuvre que lorsque les travaux entrepris auront été conduits à bonne fin.

Fig. 13. — Zwarthnots. Angle dégagé de l'escalier de l'église.

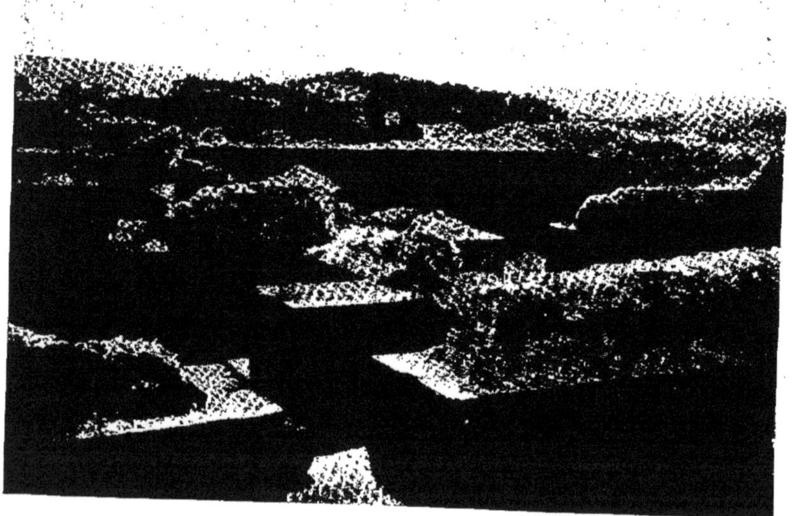

Fig. 14. — Zwarthnots. Palais pontifical.

Fig. 15. — Zwarthnots. Prises d'air (?) dans le palais pontifical.

Fig. 16. — Zwarthnots. Motifs d'ornementation.

La chose ne doit pas nous surprendre si l'on se réfère au texte de Sebéos (p. 111 de ma traduction). Cet écrivain, en effet, rapporte que le catholicos Nersés fit construire d'abord une demeure pour lui près des saintes églises de Valarsapat, et ensuite une église au nom des anges. Les murs, dont on rencontre des traces, de ci de là, autour de Zwarthnots, ont appartenu au palais pontifical ou à ses dépendances.

Dans l'état actuel des fouilles, il faut distinguer à Zwarthnots les ruines de l'église (fig. 13) et celles du palais cathólical (fig. 12 et 14).

L'église était ronde et à trois étages ; je renvoie au plan qu'en a publié le R. P. Mesrop [1]. Quatre colonnes colossales, dont il reste encore d'assez importants fragments, supportaient la coupole (fig. 13). Tout alentour, une rangée circulaire de colonnes, surmontées de chapiteaux énormes, portant le monogramme du catholicos Nersés, tantôt sous la forme grecque Ναρσου, ou sous la forme également grecque Καθολικου [2]. Trois portes donnaient accès sur une plate-forme circulaire qui était limitée par un escalier, également circulaire, dont une partie a été dégagée, du côté nord (fig. 13).

A côté de l'église, du côté sud et du côté ouest, s'élevait le palais pontifical (fig. 12 et 14). Il me semble qu'il faut distinguer deux parties séparées dans ce bâtiment. A en juger par le nombre plus grand de pièces, la partie sud devait composer la demeure des moines, secrétaires, domestiques, formant la maison du catholicos ; les pièces y étaient spacieuses, avec des murs solides dont les vestiges, s'élevant encore à 1 mètre du niveau du sol, attestent la solidité de la construction (fig. 14 et 16). La partie ouest était peut-être la demeure même du catholicos ; deux vastes pièces pouvaient servir ou de salon de réception ou de salle du conseil, et les autres pièces, qui se commandent, étaient les appartements privés du souverain pontife (fig. 12).

A l'extrémité de la partie sud, dans l'angle sud-est du corps de bâtiment, subsistent encore, presque intacts, trois petits monuments, avec prise d'air et tuyaux en poterie. Ils sont tous les trois dans la même pièce carrée (fig. 15). Je ne sais trop à quelle desti-

---

[1] Cf. *Azgagrakan Handès* (Tiflis, 1907), XV, p. 128 et XVI, p. 153.
[2] Cf. STRZYGOWSKI, *Das Etschmiadzin Evangeliar*, p. 10-11.

nation ils étaient réservés ; je n'y ai relevé aucune trace de feu. C'étaient peut-être des prises d'air indispensables, dans une pièce où, en hiver, on faisait du feu dans des réchauds, comme c'est la coutume dans tout l'Orient.

Inscriptions et graffiti. — On voit à Zwarthnots une inscription cunéiforme, qui a été publiée déjà à mainte reprise. Le monogramme du catholicos Nersês, cité plus haut, p. 87, et l'inscription ΝΑΡϹΗϹ ΕΠΟΙΗϹΕ ΜΝΗΜΟΝΕVϹΑ[ΤΕ] constituent l'élément grec de cette épigraphie spéciale ; un cadran solaire porte des caractères arméniens ; on relève enfin, en assez grand nombre, des graffiti en arménien, en arabe et en syriaque. Quelques-uns ont été examinés par les professeurs Marr et Bartold et reproduits en transcription dans l'article du P. Mesrop (p. 78-79 du tirage à part), d'après les lectures proposées par ces deux savants.

ONCTION DU CATHOLICOS.

J'assistai, pendant les derniers jours d'août et au début de septembre (1909), aux préparatifs de la grande cérémonie de l'onction du catholicos, à Etchmiadzin. C'était une fête non seulement pour les Arméniens de Russie et de Perse ; mais surtout, pour les Arméniens de Turquie qui pour la première fois depuis plus de vingt ans, purent enfin quitter leurs villages et circuler librement. Munis d'un passeport, comme de simples mortels, ils arrivaient, heureux, et s'installaient dans les locaux que le R. P. Garégin avait aménagés à leur intention dans de vieilles cellules désaffectées (fig. 18), et dans des chambres plus modernes (fig. 20). Partis d'Erznga, de Sivas, de Van, ils s'étaient dirigés en caravanes sur Erzeroum ; de là, par la route nationale turco-russe où circule quelquefois une diligence, ils avaient gagné Kars, d'où le chemin de fer les avait conduits à Etchmiadzin, par Alexandropol. Ils visitaient les sanctuaires avec une dévotion toute particulière, baisaient les pierres et les monuments sépulcraux, qui prenaient à leurs yeux un caractère de sainteté tout à fait inaccoutumé.

Tout pèlerin arménien qui vient visiter les sanctuaires d'Etchmiadzin a droit, pendant deux jours, au logement gratuit dans l'hôtellerie et à l'eau chaude pour faire le thé. Si des pèlerins prolongent leur séjour, c'est à leurs propres frais, et on leur aménage un logement dans l'hôtellerie, agréablement située à côté du lac.

La plupart de ceux que j'ai observés, bien qu'ils trouvassent charmant le séjour au bord du lac, préféraient les abords immédiats de la cathédrale ; ils s'installaient, pendant des heures, par petits groupes, sous les jeunes arbres de la cour d'Etchmiadzin (fig. 21); et ils laissaient doucement s'écouler le temps, tandis que les cloches de la cathédrale leur accordaient quelque répit entre les divers offices de la journée.

Voici les notes que j'ai prises à Etchmiadzin même, relatives à l'onction du catholicos [1].

Dès que le catholicos est mort, le synode se réunit à Etchmiadzin ; il se compose de huit membres, dont quatre sont archevêques ou évêques, et quatre sont vardapets ou archimandrites. Ces membres sont proposés par le catholicos au tsar, qui en confirme un sur deux. Le premier membre du synode est le *locum tenens* du catholicos. Le *locum tenens* remplace le catholicos, jusqu'au jour où le nouveau catholicos a reçu l'onction [2].

Le *locum tenens* fait connaître la mort du catholicos à toutes les éparchies arméniennes répandues de par le monde. Par le même écrit, on fixe un an de délai pour préparer les nouvelles élections, à dater du jour de la mort du catholicos.

Chaque éparchie envoie deux représentants pour prendre part à l'élection, un laïc et l'autre, le titulaire même de l'éparchie.

Le gouvernement du tsar transmet les invitations à ceux qui sont hors de Russie, par l'intermédiaire des ambassades et des consulats.

Un an révolu, on s'assemble à Etchmiadzin où les membres du synode prennent part à l'élection, avec huit voix ; la congrégation d'Etchmiadzin a sept voix, c'est-à-dire que sept membres de ladite congrégation prennent part à l'élection.

Le représentant du tsar, nommé *ad hoc*, assiste aux délibérations, mais sans y prendre part. Le procureur du synode, avec le

---

[1] Pour plus de renseignements administratifs, cf. BABGÊN vardapet, *Kathoülikosakan entrouthiwn iev kanonner* (Vaļaršapat, 1908), in-16, 116 pages (en arménien et en russe).

[2] Lors de mon arrivée à Etchmiadzin, juillet 1909, le *locum tenens* était Mᵍʳ Soureniantz, qui me réserva l'accueil le plus flatteur, pendant l'absence du catholicos, et me facilita beaucoup mon travail à la bibliothèque patriarcale.

grand secrétaire du synode, assiste aussi à l'assemblée, sans voix délibérative.

L'assemblée a toujours lieu dans la cathédrale d'Etchmiadzin, les portes étant closes (fig. 17).

Le premier jour, sont élues quatre personnes, choisies parmi les évêques. Le second jour, sur ces quatre, on en désigne deux. Ce sont alors les candidats officiels, dont l'un est approuvé par le tsar, généralement le premier[1].

Après la confirmation du candidat par le tsar, l'élu va d'ordinaire faire une visite au tsar, qui lui remet un rescrit. Il est catholicos, virtuellement. Il ne lui manque plus que la cérémonie religieuse de l'onction, à laquelle prennent part au moins douze évêques ou archevêques. Pour que l'onction soit valable, il faut ce nombre douze.

Généralement, la cérémonie a lieu dans l'église cathédrale d'Etchmiadzin et se compose de prières et de chants liturgiques; puis, l'un des douze archevêques verse les saintes huiles (myrrhon) sur la tête de l'élu, qui est à genoux; ensuite, on prend une des plus précieuses reliques du trésor d'Etchmiadzin, la main droite de Grégoire l'Illuminateur et on la pose sur le sommet du crâne de l'élu.

Il est maintenant réellement catholicos. Pour la première fois, dans les prières qui suivent, on lit son nom dans la liturgie; c'était, du moins, l'ancien usage. Depuis une cinquantaine d'années, on a pris l'habitude de le mentionner dès la confirmation par le tsar. Mais Mgr Izmirlian, actuellement catholicos, n'a pas suivi cette procédure et il n'a signé les actes officiels, comme catholicos, qu'à partir de son onction (26 septembre 1909). On dut lire, suivant ses instructions, le nom de son prédécesseur défunt, dans la liturgie, jusqu'à ce que lui-même fût oint sous le nom de Sa Sainteté Matthéos II.

Matthéos II, catholicos de tous les Arméniens, anciennement Mgr Izmirlian, est le fils d'un tailleur et naquit à Constantinople le 12 février 1845; il se nommait Siméon; la dénomination d'Izmirlian indique que sa famille était originaire de Smyrne. Jusqu'à

[1] Sur l'amoindrissement du clergé arménien d'Etchmiadzin par la bureaucratie russe, cf. H. Gelzer, *Die Anfänge der armenischen Kirche*, dans *Berichte über die Verhandlungen der könig. sächsischen Gesellschaft der Wissenschaften zu Leipzig. Philolog.-historische Classe*, 1895, I, II, p. 146, n. 3.

Fig. 17. — Cathédrale d'Etchmiadzin.

Fig. 18. — Vieilles cellules, à Etchmiadzin.

Fig. 19. — Sur la route de Mulni.

Imprimerie   Fig. 20. — Etchmiadzin.   Nouveau corps de logis, côté est.
Cathédrale

Fig. 21. — La cathédrale d'Etchmiadzin.

l'âge de 18 ans, il fréquenta les écoles arméniennes de Constantinople. A 18 ans, il devint instituteur et le resta deux ans. En 1864, il prend les ordres et devient sarkawag (diacre); en 1869, à l'âge de 24 ans, il est promu vardapet, expression qui signifie docteur en théologie et prêtre non marié.

En 1869, Khrimian [1] était patriarche de Constantinople; il choisit, pour secrétaire, Izmirlian, qui, en 1871, fut élu membre du conseil national des Arméniens de Constantinople et de Turquie. Un an après, il est membre du comité religieux de l'Assemblée nationale arménienne et secrétaire de ce comité.

En 1873, Nersès Varjabedian devient patriarche de Constantinople. Izmirlian prend part à toutes les affaires courantes. Le 13 mai 1876, il est sacré évêque à Etchmiadzin, par l'imposition des mains du catholicos Georges IV [2]; et il retourne à Constantinople.

En 1878, Izmirlian est élu deuxième président du comité religieux et, l'année suivante, *locum tenens* du patriarche de Constantinople; mais la Sublime Porte ne confirme pas cette dernière élection; on le nomme alors président d'un comité pour surveiller la question arménienne.

En 1881, il publie *Le Patriarcat de l'Église arménienne, Althamar et Sis*. Il traite de la question délicate des rapports entre les catholicos d'Althamar, Sis et Etchmiadzin et il conclut à la suprématie d'Etchmiadzin, au point de vue non seulement religieux, mais national.

En 1886, Izmirlian est élu archevêque du diocèse d'Égypte; il gouverne cette éparchie pendant trois ans; il quitte l'Égypte pour raison de santé et retourne à Constantinople où il est réélu membre du comité religieux; mais la Sublime Porte le tient de plus en plus en suspicion.

Le 5 mai 1892, lorsque Khrimian est élu catholicos, Izmirlian était présenté comme deuxième candidat; il fut élu patriarche de Constantinople le 7 décembre 1894.

Après les massacres d'Arménie, le 22 juillet 1896, Izmirlian donne sa démission de patriarche; il est exilé à Jérusalem, où il passe douze ans. En 1908, présenté en premier comme catho-

[1] Catholicos de 1893 à 1907.
[2] Catholicos de 1866 à 1882.

licos son élection est confirmée par le tsar en 1909; il reçoit l'onction le 13/26 septembre 1909.

En Russie, les Arméniens ont six éparchies, quatre dans la Transcaucasie et deux dans le reste de l'Empire. La Perse avec les Indes forme deux éparchies; ce sont donc huit éparchies qui dépendent directement du catholicos d'Etchmiadzin.

1° L'éparchie d'Erivan comprend Erivan, Kars, Alexandropol, Nakhidjevan, Kalisman, Olti et les villages qui en dépendent. Presque la moitié des Arméniens de Russie relèvent de l'éparchie d'Erivan.

2° L'éparchie de Tiflis, avec Tiflis pour centre, comprend les villes et les villages qui se trouvent dans le gouvernement politique de Koutaïs et une partie d'Elisabetpol. C'est surtout dans le sud de ce gouvernement que les Arméniens sont en nombre. Au nord, les Géorgiens constituent la majorité.

3° Choucha, capitale du Karabal, gouvernement d'Elisabetpol. Dans cette éparchie se trouve Noukha, qui appartenait jadis à l'Albanie.

4° Chemakha, où la première place est actuellement tenue par Bakou, depuis les tremblements de terre qui ont ruiné Chemakha et les Arméniens de la région. Les villes du Daghestan relèvent de cette éparchie.

5° Astrakhan. Dans cette éparchie entrent le Caucase du Nord, la Transcaspienne avec le Turkestan, en comprenant les Arméniens commerçants des villes; il n'y a pas de villages arméniens. Cette éparchie comprend encore la partie orientale de la Russie d'Europe, surtout les gouvernements qui sont sur la Volga, et la Sibérie entière.

6° Kichineff, dans l'ancienne Bessarabie, est la résidence de l'archevêque. Cette éparchie comprend la Crimée, le reste de la Russie d'Europe, avec les résidences de Moscou, Saint-Pétersbourg et Odessa. Nakhidjevan-sur le-Don forme un centre arménien très important, avec beaucoup de villages arméniens dont les habitants viennent de Crimée.

En Perse, la première éparchie est l'Aderbeidjan, où rentre une partie de l'ancienne Perse-Arménie, Ourmiah, Salamas, Tauris. Le centre est Tauris, ville-résidence de l'archevêque.

Le reste de la Perse, les Indes et les archipels de l'océan Indien constituent une éparchie dont l'archevêque réside à Nor Djoulfa, près d'Ispahan ; tout à l'entour, il y a une quantité de villages arméniens.

L'Arménie turque, avec l'Asie Mineure, a comme grands centres Van, Mouch, Bitlis, Erzeroum, Kharpert, Diarbekir, Eghin, Erzengan, Sivas, Trébizonde, etc.; Constantinople sert de capitale; elle est partagée en 45 éparchies, avec une population moins nombreuse que celles de Russie.

Le patriarche arménien de Jérusalem occupe une place à part; de lui, relèvent les Arméniens de Syrie et de Chypre.

La Cilicie a un catholicos, résidant à Sis. Religieusement, il est subordonné au catholicos d'Etchmiadzin; mais il a ses évêques qui sont ordonnés par lui-même.

Religieusement, le patriarche d'Etchmiadzin porte le titre de patriarche suprême et catholicos de tous les Arméniens. Après lui, vient le catholicos de Cilicie qui est archevêque et catholicos, mais non patriarche. Son titre est : *Catholicos de la « Maison de Cilicie »*.

Le catholicos d'Althamar a sa résidence dans l'île du même nom, au milieu du lac de Van. Son éparchie s'étend au sud du lac, dans les montagnes du Kurdistan. Le siège est actuellement vacant et tenu par un évêque.

Le patriarche de Constantinople vient, *religieusement*, après celui de Jérusalem ; mais, *politiquement,* il est le supérieur pour toutes les affaires arméniennes de Turquie ; il gouverne avec une assemblée mixte, laïque et ecclésiastique, qui s'appelle *Assemblée nationale arménienne,* ayant des lois organiques données par la Turquie. Dans les dernières années du règne d'Abd-ul-Hamid, cette assemblée n'a jamais pu siéger.

Hors de la Turquie, l'Égypte constitue une éparchie. Il y en a une en Bulgarie, qui gouverne aussi les Arméniens de Roumanie et d'Autriche.

Pour le reste de l'Europe, il n'existe pas encore d'éparchie constituée; mais simplement des représentants, évêques ou vardapets.

L'Amérique possède un évêque à Worcester, qui n'a pas encore de voix dans les élections du catholicos. Cette éparchie n'est pas encore constituée définitivement.

LES ARMÉNIENS DE TIFLIS

(20 SEPTEMBRE 1909)

LA POPULATION ARMÉNIENNE DE TIFLIS

Les Arméniens de Tiflis, presque tous de rite grégorien, constituent une population d'à peu près 80,000 âmes. Très peu sont d'origine arméno-turque ; environ un millier d'ouvriers arméniens de Turquie, venus en Russie lors des massacres hamidiens, devinrent sujets russes et résident à Tiflis. Depuis la proclamation de la Constitution en Turquie, 25,000 Arméniens, sujets ottomans réfugiés au Caucase, réintégrèrent leurs foyers ; ils furent rapatriés par la *Société arménienne de bienfaisance au Caucase*, qui les dirigea sur Batoum, Kars, Olti, c'est-à-dire sur toute la frontière turque, soit par voie de terre, soit par voie de mer.

Même lorsque Tiflis était la capitale du royaume de Géorgie, la grande partie de la population était arménienne ; les villes étaient habitées par les Arméniens, tandis que les Géorgiens résidaient de préférence dans les villages. Sous la domination russe, il en va de même ; les Arméniens forment la majeure partie de la population et cette année, au conseil général de la municipalité, les trois quarts des membres sont des Arméniens. Tout le commerce se trouve entre les mains des Arméniens, ainsi que l'industrie locale.

Les banques. — Tiflis possède une banque de la *noblesse géorgienne*, c'est une banque foncière. Il faut mentionner deux établissements de *crédit mutuel*, une *banque de crédit de la ville de Tiflis*, la *banque de commerce de Tiflis*. Ces banques locales sont arméniennes, sauf celle de la noblesse géorgienne. Récemment, des maisons russes de Saint-Pétersbourg ont ouvert deux banques *russes* ; la plus importante est la *banque d'État*. La plus grande partie des immeubles, terrains, jardins appartient aux Arméniens.

II

LA PRESSE À TIFLIS.

La presse actuelle de Tiflis se répartit ainsi :

Six journaux *russes* : le journal *Kavkaz* est l'officiel et appartient à la chancellerie du gouverneur ; le quotidien *Tifliski-Listok*, le plus répandu, appartient aux Arméniens ; le journal *Zakavkazié*, quotidien, appartient aux Géorgiens. Deux autres journaux paraissent seulement le lundi et ne semblent pas destinés à une longue existence. Le quotidien *Golos Kavkaza* appartient aux Russes.

Il paraît actuellement à Tiflis deux journaux *arméniens* quotidiens, *Mschak*, fondé en 1872, et *Horizon*. *Sourhantag* ne paraît que le lundi. *Hoviv* est un journal hebdomadaire, publié par le prêtre Eznik Erznkiants. *Giughatentès* s'occupe des questions agronomiques ; *Khatabala* est humoristique et illustré. Comme périodiques mensuels, il faut citer *Taraz*, la revue illustrée *Hazker*, *Aghbiur*, destinés à la jeunesse. *Loumay* est un journal littéraire qui paraît tous les deux mois. Une mention toute spéciale doit être faite à la *Revue de la société ethnographique*, paraissant en quatre fascicules qui forment deux volumes par an. Le rédacteur de cette revue, M. Lalayan, a su mettre ce périodique au niveau des publications similaires d'Europe.

En *géorgien*, il y a deux journaux quotidiens, un journal hebdomadaire humoristique et deux journaux mensuels.

En langue *tatare*, paraît un journal hebdomadaire humoristique illustré, très répandu : *Mollah Nasr ed-Din*.

Enfin, la *Kaukasische Post* est un journal allemand hebdomadaire, mais qui paraît très irrégulièrement.

Hors de Tiflis, les Géorgiens ont un journal à Koutaïs. Les Arméniens publient une revue scientifique et religieuse à Etchmiadzin, l'*Ararat* [1], et des périodiques à Alexandropol, à Bakou et à Erivan. Les Tatares font paraître deux journaux quotidiens à Bakou, qui est le centre intellectuel des Musulmans au Caucase. Dans la même ville, les Arméniens publient un quotidien en russe, et qui s'appelle *Bakou*.

---

[1] C'est l'organe officiel du catholicos ; on y publie tous les décrets émanant de sa chancellerie.

III

SOCIÉTÉS ARMÉNIENNES À TIFLIS [1].

Voici les renseignements que j'ai recueillis à ce sujet :

1° *Société de bienfaisance au Caucase*, qui a ses ramifications dans quarante villes ou villages au Caucase. Elle possède un capital de 250,000 roubles en titres et en immeubles, avec un budget annuel de 30,000 à 40,000 roubles. Cette société a un orphelinat et une grande bibliothèque, avec une vaste salle de lecture [2]; elle aide matériellement cinquante écoles primaires arméniennes provinciales et elle fournit à 200 élèves pauvres le dîner gratuit dans une salle *ad hoc*.

[1] A la date du 26 novembre 1909, je reçois d'un de mes correspondants de Tiflis, M. A. Saroukhan, une lettre dont j'extrais le passage suivant : «La petite colonie française de Tiflis a fondé ici une branche de l'Alliance française de Paris. La première assemblée générale m'a fait l'honneur de m'élire membre du comité de revision. La jeune branche gagna bien vite les sympathies du public de Tiflis, qui nous donna déjà cent vingt membres, sans distinction de race : Français, Arméniens, Russes, etc; mais la plupart des membres sont des Arméniens...»

[2] Les Géorgiens, dont le chiffre de population est d'environ 50,000 âmes, ont une banque spéciale et une grande société, la *Société de la propagande de la langue géorgienne*, qui ouvre des écoles et des salles de lecture dans les principaux villages géorgiens. Les Géorgiens ont une *société philharmonique* très bien organisée, un petit crédit foncier, qui fonctionne d'une façon satisfaisante. Une ombre à ce tableau est le démêlé qu'ils ont eu récemment avec le gouvernement russe, au sujet de leur patriarcat. Avant la domination russe, les Géorgiens avaient à Tiflis leur catholicos. Depuis la domination russe, le gouvernement du tsar a supprimé ce poste de catholicos et l'a remplacé par un exarque, de nationalité russe. Les exarques, entre autres choses désagréables aux Géorgiens, favorisaient parmi ces derniers la langue slave au détriment de la géorgienne. Lors du dernier mouvement révolutionnaire, 1905, l'idée de nationalité géorgienne fit un pas en avant; ce fut une évolution parallèle au progrès des idées sociales au Caucase. Une partie de la population géorgienne exigeait le rétablissement du catholicos géorgien. L'affaire prit une tournure tellement aiguë, que l'exarque russe fut tué (1907). Depuis lors, l'affaire est en suspens. Le gouvernement refuse de rétablir le catholicat et projette même de supprimer le poste de l'exarque. A l'heure actuelle (septembre 1909), on ne sait si l'exarcat sera maintenu, ou si la Géorgie sera divisée en deux ou trois épiscopats.

2° *Société de bienfaisance de dames arméniennes*. Elle a une école professionnelle pour des jeunes filles pauvres, avec un budget·annuel d'environ 15,000 roubles.

3° *Société dramatique arménienne*, dont le but est d'aider matériellement le théâtre et les acteurs arméniens.

4° *Société ethnographique arménienne*, qui publie dans son organe *azgagrakan Handés* des articles intéressant l'ethnographie, la littérature populaire, les fouilles du sol arménien dans la région caucasique [1].

On mentionne encore quelques autres sociétés arméniennes de moindre importance; l'une s'occupe de l'éducation d'orphelins arméniens; une autre procure des emplois aux dames arméniennes pauvres; une troisième vient en aide aux étudiants arméniens nécessiteux.

IV

THÉÂTRE ARMÉNIEN À TIFLIS.

Il n'y a pas de bâtiment dénommé théâtre arménien [2]. Un des théâtres de Tiflis appartient à une maison de commerce arménienne; mais des troupes de différentes nations y jouent, surtout des acteurs russes et une fois par semaine des acteurs arméniens.

On compte trois groupes d'artistes arméniens : l'un à Tiflis, l'autre à Bakou; un troisième voyage dans le Caucase et en Russie. Les troupes arméniennes donnent des représentations dans les différents théâtres de Tiflis.

Après le rétablissement de la Constitution en Turquie, le groupe d'artistes arméniens de Bakou fit une tournée artistique en Turquie, en commençant par Erzeroum. Ils se rendirent ensuite à Constantinople et dans l'intérieur de l'Asie mineure. Comme les Arméniens de Turquie, depuis plus de vingt ans, étaient privés de

---

[1] Cette année-ci (1909), les Géorgiens de Tiflis ont fondé une *Société d'histoire et d'ethnographie*.

[2] Le théâtre national arménien, fondé par Grigor Ardzrouni, le fondateur du journal *Mschak*, a été vendu et est devenu le théâtre géorgien. — A Choucha il y avait un théâtre national·arménien, qui fut brûlé en 1906, lors des troubles arméno-tatares. Il n'a pas été reconstruit.

représentations nationales, ce groupe fut partout reçu avec enthousiasme et fit de bonnes recettes, surtout à Constantinople, où il
fut très applaudi. On y jouait des pièces arméniennes originales
et des traductions de pièces françaises, allemandes et russes.

Après que la partie araratienne de ce qui fut anciennement la
grande Arménie eut passé de la domination persane sous celle de
la Russie (1828), une ère nouvelle s'ouvrit pour la littérature arménienne du Caucase; on connaît en Europe les noms d'Abovian,
de S. Nazariants, de Raffi, de Prochéants, de Kamar-Katiba, de
Mouratzan, d'Aghaïants, de Chirvanzadê, etc. [1]. A l'exception des
deux derniers, ces écrivains sont morts à l'heure actuelle; mais ils
ont laissé une œuvre durable; ils ont, par leurs écrits, relevé le
niveau moral et intellectuel de leurs compatriotes; ils ont contribué à préparer pour le peuple arménien une ère nouvelle de liberté.

Le célèbre poète national Kamar-Katiba (pseudonyme de Patkanian) a fait école et parmi les poètes actuels, qui prirent la plume
à sa suite, on mentionnera Ohannès Toumanian, Ohannès Ohannissian, Avetis Isahakian, Alexandre Tsatourian, Mme Chouchanik
Kourhinian.

Quelques prosateurs écrivent dans le genre créé par Raffi; ce

[1] Cf. A. Tchobanian, *La littérature arménienne contemporaine*, dans *Revue
encyclopédique Larousse*, n° 305, 8 juillet 1899, p. 522-524. — Sur Chirvanzadê, voir la notice bio-bibliographique qui lui est consacrée en tête de : Chirvanzadê, *L'artiste*, traduit de l'arménien par Serge d'Herminy (Paris, 1909)
et d'où nous extrayons les quelques lignes suivantes : «Chirvanzadé, de son nom
patronymique Alexandre Movsissian, le plus éminent écrivain contemporain de
l'Arménie, qui, à peine âgé de 50 ans, a déjà doté son pays de plus de trente-
cinq œuvres littéraires tant en romans qu'en pièces de théâtre, est natif de
Chamakhi, importante ville de l'Arménie russe... En moins de dix ans, il
produit bon nombre de grands romans sensationnels dont *Arsène*, *Dimaxian*,
la Marmiteuse et *Chaos* sont les plus réputés. Mais le plus impressionnant
comme le plus important de cette série est... *Chaos*, très vaste roman tiré de
la vie quotidienne des populations de Bakou... Les drames *Eugénie*, *A-t-elle
des droits?*, *Armenouhi*, étudient la situation de la femme dans la société actuelle; *Sur les ruines*, *Pour l'honneur* décrivent les mœurs et les habitudes des
capitalistes arméniens; *Le Perdu* fait ressortir l'antagonisme des différents types
de patriotes, de révolutionnaires et de socialistes arméniens... Créateur incontesté du roman à la fois descriptif, sans prolixité, psycho-analytique, sans
surnaturel et passionnel, sans ostentation, M. Chirvanzadê... ne poursuit dans
ses écrits qu'un but moral et purement artistique... » — Cf. également Chirvanzadê, *La Possédée*, trad. A. Tchobanian (Paris, 1910), préface.

sont, pour ne citer que les principaux : Chirvanzadé, Avétis, Aharonian, Vrthanès Papazian, Chahrihar (pseudonyme de H. Arakélian), Léo, Namalian (pseudonyme de Kalantar), Aterpet, Nardos.

La plupart de ces littérateurs donnèrent leurs premières productions dans le journal *Mschak*. Puis, une fois que leur nom fut connu du public auquel ils s'adressaient, ils firent paraître des volumes.

Parmi les dramaturges, on cite Chirvanzadé, qui traite des sujets arméniens, dans une forme européenne; Abélian (Alexandre) décrit surtout la vie du peuple.

Le premier auteur dramatique arménien de valeur, je dirais le père du théâtre arménien au Caucase, est Gabriel Soundoukiantz. Ce fut un devoir et un plaisir pour nous de faire visite au vénérable vieillard, qui, plus qu'octogénaire, travaille à une nouvelle pièce dont la recette sera affectée aux victimes des récents massacres d'Adana.

L'illustre maître veut bien nous conter quelques souvenirs de sa lointaine jeunesse; nous écrivons sous sa dictée : « Je suis né à Tiflis, le 29 juin 1825. J'ai fait mes études d'abord chez le professeur Chahan de Cirbied, qui habitait notre maison. Ma mère, déjà veuve, avait confié mon éducation à lui et à son épouse le 1er avril 1832. J'ai passé mon enfance chez eux, pendant plus de six ans, du matin jusqu'au soir. M. Cirbied s'occupait avec moi des langues arménienne et française, plus tard, des langues latine et italienne. Sa femme, née Denise-Marguerite Vonlatum, pure française et parisienne, m'enseignait exclusivement le français. Je me souviens encore des moments où, assis à sa droite, j'apprenais à lire B. L. A. = BLA. Elle m'avait tant parlé de Paris que, lorsque, en 1878, j'eus le bonheur de voir cette ville splendide et son exposition, il me sembla que j'y connaissais beaucoup des choses que je voyais pour la première fois. Toutefois, j'étais ébahi des beautés et des magnificences de cette ville universelle. Le jour même de mon arrivée à Paris, je montai à l'Arc de triomphe et à la colonne Vendôme; la veille de mon départ, je fis mes adieux à Paris du haut de la tour Saint-Jacques. Comme les Français doivent être heureux de ce que Paris leur appartient et de pouvoir se vanter de leur civilisation...

« Après le décès de M. Cirbied, survenu à Tiflis, le 16 août 1838, à l'âge de 70 ans[1], je continuai mes études à la pension des frères Arzanoff, puis au seul gymnase russe existant à Tiflis à cette époque, et enfin à l'Université de Saint-Pétersbourg, où je terminai mes études en 1850.

« A Pétersbourg, pendant quatre ans (1846-1850), je fréquentais les théâtres russes et français, plus souvent ce dernier. Le jeu des artistes russes Karatiguine, Martinoff, Machaloff et celui des français, Mme Arnould-Plessy, Aland, Berton et autres célébrités m'ont fait aimer le théâtre. Molière, Shakespeare, Schiller (en traduction française) sont des auteurs sacrés pour moi.

« En 1863, j'ai fait ma première pièce, un vaudeville; son succès m'encouragea à travailler pour le théâtre.

« Je n'oublierai jamais les moments où j'assistai à la 54e représentation des *Fourchambauld* au Théâtre français de Paris, en 1878, et où je vis Mme Agar, M. Coquelin et d'autres...

« Ma pièce nouvelle[2] s'appelle « L'Amour et la Liberté »; si elle est jouée et que la recette soit bonne, le produit en sera affecté à secourir les survivants des massacres d'Adana. Le sujet de cette pièce résume mes réflexions relatives au divorce. Nos lois sont très sévères à l'égard de cette question. J'ai fait tout mon possible pour venir au secours des femmes malheureuses en mariage. Je serais bien heureux si cette pièce réussissait... »

Ainsi parla le maître vénéré; une larme perla au souvenir de la jeunesse envolée, de la France aimée, de Cirbied, le premier professeur, fondateur de la chaire d'arménien à l'École des langues orientales vivantes à Paris[3]... Puis sortant son portefeuille, il

[1] Mme Cirbied mourut le 21 octobre 1842.

[2] Sur le théâtre de Soundoukiantz, voir les études, en langues accessibles au lecteur européen, dans les publications suivantes : *Gabriel Sundukianz* dans *Armenische Bibliothek*, herausgegeben von Abgar Ioannissiany. II. *Litterarische Skizzen* von Arthur LEIST (Leipzig, s. d.), p. 123-142. — *Ibid.*, VII. *Die ruinirte Familie*, Lustspiel in drei Aufzügen von Gabriel SUNDUKIANZ. Aus dem Armenischen, von Leo Rubenli (Leipzig, s. d.). — *Le théâtre arménien à Tiflis*, par M. READER, dans *Bibliothèque universelle et Revue suisse* (Lausanne), n° 17, mai 1897, p. 351-377. — *Pépo* a été l'objet d'une traduction abrégée dans la publication de MOURIER, *Le Caucase illustré*, Tiflis, 1899-1900, n°s 2, 3, 4.

[3] En 1798, Jacques Chahan de Cirbied, Arménien de nation, est autorisé à donner des leçons de sa langue maternelle, à l'École des langues orientales vivantes, fondée en 1795. Ce premier essai d'enseigner l'arménien ne dura que trois ans. Le cours provisoire d'arménien fut supprimé le 16 octobre 1801, parce que Cirbied ne savait pas assez bien le français. Dix ans après, Chahan

ajouta : « Les imprimeurs orthographient mal mon nom ; voici ma carte de visite », sur laquelle était écrit, en caractères français : Gabriel SANDOUKIANTZ....

Depuis que ces notes ont été prises, la nouvelle pièce de Sandoukiantz, *Amour et Liberté* (սէր և ազատութիւն), a été représentée sur la scène de Tiflis, le 24 novembre 1909, et il en a été fait le compte rendu dans les numéros 259 et 262 du journal de Tiflis, *Mschak*.

La pièce, en cinq actes, est écrite dans le dialecte de Tiflis et traite un sujet tiré de la vie de Tiflis.

Le négociant Melkhôn est un de ces négociants de Tiflis qui ont une certaine culture extérieure, vont en Europe, entrent en relation avec nos grandes maisons et sont en contact perpétuel avec d'autres mondes. Melkhôn est un homme bon, un noble cœur; mais il est malheureux, car sa jeune femme, Natôn, ne l'aime pas. Et les deux époux souffrent et se consument dans une lutte de tous les jours.

L'héroïne de la pièce, Natôn, s'est mariée sans amour, attirée seulement par la richesse de Melkhôn. Elle est le centre autour duquel gravite tout l'intérêt de la pièce. La malheureuse Natôn aime le jeune Dikran, le directeur du comptoir de Melkhôn, mais elle garde son amour caché dans son cœur. Elle souffre et se consume en silence.

de Cirbied demanda à le rouvrir, alléguant ses études continuelles dans la langue et la littérature françaises. Le ministre, estimant qu'il y avait lieu de tenter encore un essai, autorisa de nouveau un cours provisoire le 8 décembre 1810, et promit, en cas de succès, de prendre des mesures pour créer définitivement une chaire d'arménien. Cette fois, Cirbied réussit, forma rapidement plusieurs élèves, dont deux publièrent des travaux, et montra un zèle qui lui valut d'être nommé professeur titulaire par décret impérial du 27 février 1812. Chahan de Cirbied avait, en 1826, demandé un congé de trois ans pour aller à Tiflis, où il était appelé par l'archevêque Nersès, afin d'organiser une école spéciale des langues européennes dans la capitale de la Géorgie. Il avait en même temps proposé pour le remplacer durant son absence, un de ses élèves, Levaillant de Florival, qui fut nommé professeur suppléant le 11 août 1826. Cirbied ne revenant pas à l'expiration de son congé, on le considéra comme démissionnaire et son suppléant fut nommé titulaire par une ordonnance du roi, en date du 4 septembre 1830. Levaillant de Florival resta professeur d'arménien jusqu'à sa mort arrivée le 20 janvier 1862. Cf. [A. CARRIÈRE,] *Notice historique sur l'École spéciale des langues orientales vivantes* (Paris, 1883). [Extrait des *Mélanges orientaux*, publiés par l'École des langues orientales vivantes, p. 18, 23-24, 27-28.]

niquer directement avec le marchand indigène, sans passer par l'intermédiaire toujours équivoque d'un drogman; par contre, ne sachant pas l'arménien, il dut recourir à un interprète et il se propose d'apprendre l'arménien pour le prochain voyage qu'il fera dans cette région. L'Arménien des ports parle plus ou moins une langue européenne; si l'on pénètre dans le pays, il n'en va plus de même, et notre voyageur de Roubaix conseille à ses confrères, pour n'être pas dupés par les interprètes, de posséder le grec, l'arménien et un peu de turc, s'ils veulent voir réussir leurs entreprises commerciales dans ce canton florissant de l'Empire ottoman.

L'escale de *Kérassounde* n'est pas de longue durée; elle suffit néanmoins pour parcourir cette coquette ville agréablement dominée par son Acropole. Les collines s'allongent le long de la mer, vertes et pittoresques; nous sommes en plein pays de noisettes et l'on en embarque des caisses en quantité surprenante, à destination de Marseille.

Sur 10,000 habitants, les Arméniens sont au nombre de 1,000. Ils ont deux écoles, une pour les filles et l'autre pour les garçons.

Les habitants de Kérassounde, Turcs et Grecs pour la plupart, sont renommés par leur habitude de recourir, pour la moindre bagatelle, aux autorités judiciaires. Ils usent et abusent des tribunaux où, le plus souvent, ils ne trouvent que la ruine. On cite, comme faisant une louable exception à cette règle, les Arméniens qui, lors d'un différend, préfèrent recourir à leurs notables et se conformer à leurs décisions.

Nous arrivons, dans la même journée, à *Ordou*, moins pittoresque que Kérassounde; la ville, avec ses maisons carrées et régulières, s'étend sur le littoral au lieu de s'étager sur la hauteur. Les collines qui entourent la ville sont couvertes de vignes; il y a encore beaucoup de verdure; l'aspect général me rappelle une ville de Sicile, avec ses maisons carrées, basses, recouvertes de tuiles rouges. On embarque des caisses de noisettes et de pommes, à destination de Beyrouth et de Marseille.

Ordou compte environ 2,500 Arméniens, qui s'occupent, comme tous les autres Arméniens établis dans les autres ports de la mer Noire, Samsoun et Baffra, de commerce et de plantation de tabac.

Je descends à terre pour saluer la mémoire de Xénophon et

fouler le sol que foulèrent les Dix Mille, lorsqu'ils séjournèrent à Kotyora [1].

Samsoun s'étend en hémicycle le long de la rade circulaire, mais pas en élévation. Les collines sont basses et il n'y a pas un second plan de montagnes plus élevées qui encadrent le paysage comme c'était le cas dans les escales antérieures. Les rues sont propres, plantées d'arbres; l'artère principale est fort bien pavée.

Samsoun est un port très important pour le commerce de l'Europe avec l'intérieur de l'Asie Mineure. Sur 17,000 habitants, il y a près de 4,000 Arméniens [2], qui ont deux écoles et deux églises, et habitent un quartier spécial, le quartier arménien. Les commerçants arméniens s'occupent spécialement du transit des marchandises importées d'Europe pour l'Asie Mineure et de celles exportées pour l'Europe.

Baffra, petit port où l'on ne fait pas toujours escale, est renommée par l'excellente qualité de son tabac, dont le commerce est en grande partie entre les mains des Arméniens; ils ont une église et une école très fréquentées par la jeunesse de l'endroit.

Ineboli est la dernière escale que nous faisons avant d'arriver au Bosphore. Comme le nom l'indique c'est une ville de Grecs. Il y a environ 500 Arméniens sur un total de 10,000 habitants; ils y ont une église et une école.

LES ARMÉNIENS DE CONSTANTINOPLE.

(15 OCTOBRE 1909.)

I

LA POPULATION ARMÉNIENNE DE CONSTANTINOPLE.

Les Arméniens de Constantinople forment trois groupes bien distincts : les *Stambouliotes* ou Arméniens fixés dans la capitale depuis plusieurs générations et qui parlent un idiome particulier

---

[1] Cf. Félix ROBIOU, *Itinéraire des Dix Mille.* Étude topographique avec trois cartes... (Paris, 1873), p. 65-66.

[2] Les Arméniens de Samsoun, comme ceux d'Ordou, de Sinope, d'Amasia, de Marsivan, etc., parlent le dialecte de Tokat; cf. H. ADJARIAN, *Classification des dialectes arméniens* (Paris, 1909), p. 68.

fortement mélangé de mots turcs dont ils alourdissent et déforment la prononciation; les *provinciaux*, venus avec leurs familles des divers centres arméniens de l'Asie Mineure et de l'Arménie, ou nés d'ascendants immigrés récemment; ceux-ci gardent plus ou moins leur parler d'origine, et un certain nombre d'entre eux, originaires des régions de Césarée de Cappadoce, d'Angora et de Brousse ne parlent que le turc; les *immigrés*, jeunes gens ou pères de famille, qui quittent leur pays pour venir travailler à Constantinople comme portefaix, terrassiers, maçons, domestiques, hommes de peine, ouvriers, artisans ou même petits commerçants, et retournent généralement au home natal après quelques années de travail, qui leur ont permis de ramasser un petit pécule; quelques-uns d'entre eux, que l'appât du gain retient à Constantinople, y reviennent périodiquement après avoir passé quelques mois dans leur pays, auprès de leur famille, ou, s'ils sentent leur position assez assurée, retournent avec celle-ci pour se fixer définitivement dans la capitale.

Avant les tristes événements de 1895-1896, qui furent les plus sombres années du martyrologe arménien, la population arménienne de Constantinople comptait un noyau fixe de 100,000 âmes environ, et un contingent flottant formé d'immigrés, qu'il est impossible d'évaluer même approximativement, mais dont on peut dire qu'il a dû osciller durant la seconde moitié du dernier siècle de 20,000 à 40,000 âmes. Les massacres d'août 1896 décimèrent cruellement l'un et l'autre de ces groupements; l'émigration volontaire de milliers de familles eut bientôt réduit la population sédentaire à 80,000 âmes environ; quant à la population flottante, des lois d'exception appliquées avec une barbarie révoltante obligèrent tous les Arméniens célibataires et tous les Arméniens mariés qui n'avaient pas leur femme et leurs enfants auprès d'eux à retourner dans leur pays natal; un millier tout au plus de ces derniers put échapper à cet ostracisme féroce, en contractant mariage ou en appelant auprès d'eux leur famille. En même temps, l'immigration des Arméniens à Constantinople était sévèrement interdite, et continua de l'être jusqu'à la proclamation de la Constitution.

Depuis cette époque, le retour de quelques centaines de familles qui avaient quitté la Turquie en 1896 ou dans les années suivantes, et l'arrivée à Constantinople de 8,000 à 10,000 provinciaux qu sont venus reformer le noyau de la population flottante, si prospère autrefois, ont relevé le niveau général de la population arménienne. Malheureusement ces pauvres gens ont trouvé la plupart des places qui les faisaient vivre autrefois occupées par des immigrants turcs, kurdes, israélites, et l'administration nationale a eu beaucoup de mal à fournir du travail à une partie d'entre eux, et à soutenir les autres par des subsides. L'existence de cette population ouvrière, qui ne demande qu'à affluer à Constantinople, est un problème des plus graves, lié à des considérations économiques, et pour la solution duquel le Gouvernement n'apporte pas la bonne volonté qu'on est en droit d'en attendre.

II

LES ARMÉNIENS DANS L'ADMINISTRATION.

Les Arméniens, qui occupaient jusque vers 1890 une place assez importante dans les fonctions de l'État, se sont vu progressivement fermer depuis la carrière administrative; sur un total d'environ 10,000 fonctionnaires que l'État entretenait à Constantinople durant ces dernières années, on ne comptait guère plus d'une centaine d'Arméniens, et la proportion était encore beaucoup plus réduite en province. Le nombre des médecins et pharmaciens militaires, seuls postes auxquels les chrétiens fussent admis dans l'armée jusqu'ici, avait aussi considérablement diminué; l'administration de la Dette publique ottomane, organisation mixte placée sous un contrôle international, était le seul département officiel où les Arméniens ne fussent pas l'objet de mesures d'exception [1].

Récemment, la réorganisation des cadres administratifs a permis à un certain nombre d'Arméniens, une cinquantaine environ, d'entrer dans la carrière administrative comme magistrats, professeurs, sous-inspecteurs, interprètes ou simples commis. Un Arménien est ministre des travaux publics; un autre, sous-secrétaire d'État aux affaires étrangères; le ministère des finances et celui de l'agriculture comptent chacun un ou deux fonctionnaires

[1] Il y a quelques années, l'ex-sultan Hamid obligea le Conseil de l'administration de la Dette publique à renvoyer tous les Arméniens qui y étaient employés. Le Conseil répondit que les Arméniens étaient les seuls qui prenaient les intérêts de l'administration et qu'il ne serait pas obtempéré à l'ordre du sultan.

supérieurs arméniens ; trois Arméniens siègent à la cour de cassation et à la cour d'appel et quelques autres occupent le poste d'adjoints aux gouverneurs généraux ou aux préfets en province. Sauf ces quelques personnalités, les autres Arméniens au service de l'État n'y jouent qu'un rôle tout à fait secondaire.

La participation de l'élément arménien aux fonctions attribuées par voie d'élection est également insignifiante : au Parlement, on compte 3 sénateurs et 9 députés arméniens ; dans les conseils municipaux d'arrondissement et au Conseil municipal général à Constantinople, la proportion des Arméniens élus n'atteint pas 5 sur 100.

La situation des Arméniens dans les administrations privées : banques, chemins de fer, monopoles, sociétés minières, tramways, gaz, eaux, etc., sans être brillante, n'y a pas été cependant complètement sacrifiée à l'ostracisme dont le gouvernement d'Abd-ul-Hamid poursuivait cette malheureuse race jusque dans ces institutions ; on y compte aujourd'hui 400 à 500 Arméniens dont un tiers à peu près y occupe des positions assez avantageuses.

III

DU COMMERCE DES ARMÉNIENS À CONSTANTINOPLE.

La haute finance de Galata [1], où les Arméniens n'ont jamais joué qu'un rôle effacé, est entièrement entre les mains de quelques banquiers ou administrateurs grecs et étrangers, et c'est pourquoi les postes lucratifs assez nombreux dont elle dispose sont fort rarement confiés à des Arméniens, quelles que puissent être d'ailleurs leurs capacités.

La petite banque, qui est l'auxiliaire obligé du commerce intérieur, comptait, il y a une vingtaine d'années encore, de nombreuses maisons arméniennes disposant d'un capital de 300,000 francs à 1,000,000 francs et plus.

Les entraves apportées au commerce arménien par la politique néfaste d'Abd-ul-Hamid, la ruine ou l'émigration de nombreux commerçants arméniens, victimes de cette même politique ; d'autre part, la concurrence acharnée à laquelle l'industrie de la banque

[1] Quartier de Constantinople où se trouvent concentrés la Bourse et les établissements de crédit.

est livrée depuis surtout dix ans ont de beaucoup diminué le nombre et l'importance de ces maisons. Quelques-unes se soutiennent encore, soit par l'importance de leurs capitaux, soit par l'énergie et l'activité de leurs chefs ; mais la lutte est ardue et ne peut leur rendre la situation et l'influence qu'elles avaient autrefois que si elles apportent à leur action plus d'initiative et d'esprit d'union et si les conditions générales du commerce s'améliorent assez dans le pays pour y faire renaître la confiance et le travail.

Quelque peu ébranlée dans ces dernières années, la situation des Arméniens dans le grand commerce, exportation et importation, se maintient cependant à un niveau satisfaisant. Quand ils ne font pas eux-mêmes l'exportation, les Arméniens restent les intermédiaires obligés pour la vente aux marchés européens de maints produits anatoliotes, comme les tapis, les laines, le coton, la soie, les céréales. Ce rôle qu'ils partagent avec les commerçants grecs de la capitale et de la province commence à leur être chaudement disputé par divers éléments : turc, israélite, étranger, qui plus favorisés pour jouer ce rôle d'intermédiaire dans le commerce d'importation et dans la banque, échouent dans celui-ci contre l'activité et l'expérience des Arméniens et des Grecs, utilement servis par la collaboration de maisons d'achat ou de correspondants établis dans tous les centres de production.

Dans le commerce d'importation des tissus manufacturés, des métaux, de la quincaillerie, des matériaux de construction, dans l'horlogerie et la bijouterie, les Arméniens occupent une place fort honorable qu'ils ont su maintenir malgré toutes les exactions et les entraves que leur opposait le gouvernement. La petite industrie : fonderie et ouvrages en métaux, ateliers de tissage, fabrication de tapis et de broderies, imprimerie, teinture, joaillerie, bijouterie, fournit du travail à maintes petites entreprises ou travaux en chambre, dans lesquels l'ouvrier arménien fait preuve d'une intelligence et d'un tour de main remarquables.

IV

C'est le grand honneur des Arméniens d'avoir su conserver à la presse arménienne de Constantinople le premier rang parmi la presse polyglotte de la capitale, en dépit des rigueurs d'une censure qui lui en voulait plus qu'à toute autre. Aux jours les plus sombres de leur persécution, les Arméniens ont eu à Constantinople cinq ou six quotidiens et autant de revues hebdomadaires, la plupart littéraires, tandis qu'il se publiait à peine autant de journaux et deux ou trois périodiques en turc et en grec. Bien que la valeur de ces publications ne saurait être comparée à celle de la presse européenne des grands pays, on doit leur rendre cette justice qu'il y a paru maints articles historiques, biographiques, philologiques ou littéraires, des études de pédagogie, d'économie sociale ou de philosophie, des œuvres d'imagination ou de poésie, des traductions d'œuvres originales françaises, anglaises, allemandes, italiennes, russes, qui placent cette presse infiniment au-dessus des travaux fournis par la presse turque ou grecque, bien moins entravée cependant que la presse arménienne, pour contribuer au développement intellectuel de ses lecteurs.

Voici la liste des journaux et des périodiques arméniens paraissant actuellement (15 octobre 1909) à Constantinople [1].

Puzantion (Novembre 1896). Quotidien, politique, littéraire, scientifique, économique.

Haïrenik (Juillet 1909). Quotidien, politique, littéraire, économique. Fondé en 1870; interdit de 1889-1890; interdit de nouveau en 1895.

Azadamard (Mai 1909) Quotidien, politique, littéraire, sociologique; organe du comité arménien « Tachnaksoutioun ».

Jamanague (Novembre 1908), Quotidien, politique et littéraire.

Aravode (Octobre 1909). Quotidien, politique et satirique.

Gavroche (Septembre 1908). Quotidien et satirique.

Djeridei-Charkié (1877). Quotidien et politique [en langue turque et en caractères arméniens].

Medjmouaï-ahbar (1880). Bi-hebdomadaire, politique [en langue turque et en caractères arméniens].

Dziadzane (Juillet 1909). Hebdomadaire, politique.

---

[1] Les dates placées entre parenthèses sont celles de la fondation de ces feuilles.

Gohague (Mai 1909). Hebdomadaire, politique.

Astague (Décembre 1908). Hebdomadaire, politique.

Tzaïne-Haïreniatz (Décembre 1908). Hebdomadaire, politique.

Sassoune (Mars 1909). Mensuel, littéraire.

Avedapère (1880). Religieux, hebdomadaire, publié par *the American Board of Foreign Missionaries.*

Trois journaux quotidiens qui avaient fourni une longue carrière jusqu'à mai-août dernier ont cessé leur publication à cette époque; ce sont le *Sourhantag*, le *Manzoumé Efkiar* et l'*Arevelkh;* d'autre part dès le début de l'ère constitutionnelle, plusieurs revues littéraires comme le *Dzahigué*, le *Massis*, le *Louïsse*, le *Purakn*, etc., cessaient également de paraître, l'attention du public s'étant détournée des questions littéraires pour se porter tout entière vers la politique. *Arevelkh* a repris sa publication en décembre 1909.

V

SOCIÉTÉS ARMÉNIENNES À CONSTANTINOPLE.

En dehors des nombreux conseils rattachés au patriarcat de Constantinople [1], et qui administrent par délégation de la commu-

[1] Lors de mon passage à Constantinople, les deux patriarches arméniens étaient démissionnaires. La démission de Mgr Tourian, patriarche arménien grégorien, datait du 7 septembre; elle avait été provoquée par les massacres d'Adana et l'attitude ouvertement injuste du tribunal martial institué dans cette localité. Ce tribunal avait pris sur lui de condamner quelques Arméniens pour justifier la condamnation des musulmans, et pour impliquer les Arméniens dans cette fâcheuse affaire. Cinq Arméniens avaient été pendus à Adana, sur de faux témoignages; d'où les plaintes des Arméniens, et le gouvernement avait promis qu'aucune autre condamnation ne serait plus prononcée contre les Arméniens. Néanmoins, le tribunal condamnait quatre autres Arméniens à la pendaison, tandis qu'il justifiait et acquittait le gouverneur général, le commandant d'Adana et le gouverneur de Bérébret, qui avaient fomenté les troubles. C'est pour protester contre ces derniers actes que le patriarche a donné sa démission. La pendaison des quatre Arméniens, ainsi que celle d'une trentaine de Turcs, fut alors ajournée. On entama des négociations entre le gouvernement turc et le patriarcat arménien, pour trouver un *modus vivendi.* Le gouvernement insistait sur l'impossibilité de revenir sur les décisions des tribunaux martiaux, jugeant en dernier ressort; il s'offrait à procurer des avantages d'un autre

nauté les hôpitaux, écoles et autres établissements de bienfaisance arméniens, il s'est formé, depuis la proclamation de la Constitution, diverses sociétés dont quelques-unes n'ont fait que reprendre la suite d'œuvres de même nom, que la persécution avait désorganisées.

1° Les *Sociétés unies arméniennes*, 2° la *Société des amies de l'École*, 3° la *Société des Dames arméniennes dévouées à la nation*, sont trois groupements dont le premier est d'une certaine importance, et qui ont tous pour but la fondation d'écoles primaires en province et la formation d'instituteurs et d'institutrices pour ces écoles.

Il s'est également formé quelques cercles dont la plupart n'ont

ordre aux Arméniens; le patriarcat insistait sur la réparation due aux Arméniens pour les injustices commises. Le gouvernement a fait commuer en travaux forcés à vie la condamnation des quatre Arméniens; il a fait pendre une vingtaine de Turcs, et convoqué devant les tribunaux le gouverneur de Bérébret, Assaf pacha. Dans les cercles du patriarcat, un courant se dessine, qui conseille de se déclarer satisfait, d'autant qu'on s'attendait, d'un jour à l'autre, à voir Assaf pacha condamné par la cour martiale d'Adana. Mais Assaf pacha avait eu soin, au préalable, de venir visiter Paris. — Les quotidiens, à la date du 6 février 1910, annoncent que le conseil mixte du patriarcat arménien a invité le patriarche à retirer sa démission. Devant les nouvelles assurances de la Porte d'accepter ses desiderata, le patriarche a repris sa démission. — La démission de Mgr Sabbaghian, patriarche arméno-catholique, provient du mécontentement de la communauté, qui l'a poussé à se démettre. La Propagande a nommé un administrateur apostolique en la personne de Mgr Koyounian, évêque d'Égypte. La communauté le subit, mais ne voudrait pas le voir succéder à Mgr Sabbaghian; elle ne s'opposera toutefois pas ouvertement au pape, dont elle reçoit une bonne partie de ses ressources financières. J'ai entendu dire à plusieurs Arméniens catholiques, bons patriotes : «Le sultan rouge nous massacrait; la Propagande confisquait nos droits.» Le but de la Propagande est, d'après eux, de latiniser les Orientaux; elle cherche avec les élèves de la Propagande (Hassoun, Koyounian, etc.) à atteindre ce but. Benoît XIV (1740-1758) a accordé à tous les patriarcats orientaux le privilège d'élire le patriarche; et le patriarche à son tour, avec le synode, élit les évêques. La Propagande, pour les Arméniens, cherche à faire élire à l'évêché les élèves de son collège, et, par eux, à faire l'élection du patriarche. Certains Arméniens catholiques considèrent comme un miracle providentiel qu'un mekhithariste de Venise ait été élu évêque de Mouch en 1891. La chose n'alla pas sans provoquer de grandes difficultés de la part de ses diocésains. Le pontificat de Léon XIII marque une ère d'affranchissement pour les Arméniens catholiques; la preuve en soit qu'il fonda une école spéciale pour les étudiants arméniens qui suivaient les cours de la Propagande et qui, dans leur propre église, officiaient suivant le rite arménien. De la sorte, les jeunes prêtres arméniens, en arrivant dans leur nouvelle paroisse, connaissaient le rite arménien, tandis que leurs aînés pratiquaient le rite latin, dans l'ignorance qu'ils étaient du rite arménien.

qu'un but de réunion et de récréation en commun ; parmi ceux-ci il en est certains qui ont créé des cours du soir pour les adultes.

Toutes ces institutions sont entretenues au moyen de cotisations et de dons volontaires, et leur budget est généralement insuffisant ou mal assis. La plupart démontrent beaucoup de bonne volonté de la part des fondateurs, mais sont en butte à des difficultés de toutes sortes qui en rendent l'existence précaire.

VI

LE THÉÂTRE ARMÉNIEN À CONSTANTINOPLE.

Depuis 1894, la censure avait interdit toute représentation en arménien [1] et le théâtre arménien, tant à Constantinople qu'en province, se réduisait aux spectacles donnés pendant le carnaval ou à l'occasion d'une distribution des prix par les élèves de quelques écoles. Ordinairement ces spectacles étaient composés de petits

[1] Une des rares pièces qui brava la censure et eut quelques représentations après cette date est celle d'Archag Tchobanian. Celui-ci, né à Constantinople en 1872, fit ses études au Collège central arménien de Galata. Il a publié de nombreux poèmes, contes, nouvelles, articles de critique littéraire et traductions de maints auteurs français, ainsi que des études sur l'art et la littérature français dans les journaux *Arevelkh* et *Haïrenik,* dans la revue *Masis* et dans la revue *Dzaghik,* qu'il a dirigée lui-même pendant une année. Il a fait représenter une pièce en 1893, intitulée *Les couches sombres,* où il dépeint la vie du bas peuple de Constantinople et la ruine d'une jeune fille, victime de la médisance. Il a successivement fait paraître un volume de mélanges, en vers et en prose, intitulé *Voix d'aurore* (1891), un recueil de poésies, les *Vibrations,* un roman, *Gloire de papier* et une étude biographique et critique sur le poète Bedros Tourian. Archag Tchobanian a été l'un des initiateurs de la littérature moderne française et en particulier de la nouvelle poésie dans le public arménien. Il a été également l'un des chefs de l'école néo-arménienne, qui a fait définitivement triompher la cause de l'arménien moderne chez les Arméniens de Turquie. En décembre 1895, il quitta volontairement Constantinople, écœuré de la situation atroce où se trouvait son peuple, et vint à Paris, pour mettre sa plume au service de la cause arménienne. Il fit des conférences à Paris, en province, en Suisse ; il donna des articles et des études sur la littérature et l'histoire de l'Arménie dans plusieurs revues françaises, *Revue blanche, Mercure de France,* etc. Il dirige, depuis 1898, *Anahit,* revue arménienne, politique et littéraire (en arménien). Tchobanian a publié à Paris, en français : *L'Arménie, son histoire, sa littérature... ; Les massacres d'Arménie ; Zeïtoun ; Poèmes arméniens anciens et modernes ; Chants populaires arméniens ; Les trouvères arméniens,* etc.

drames et de comédies enfantines auxquelles il n'était pas rare de voir accourir en foule les grandes personnes pour se procurer le plaisir d'une représentation en arménien.

Mais, dans ces dernières années, ces innocents spectacles étaient devenus à leur tour l'objet des rigueurs policières, et il fallait plusieurs semaines de démarches et de contre-démarches pour être autorisé à donner une fête scolaire. Encore fallait-il que les pièces fussent soumises à la censure préalable, et que les représentations fussent surveillées par tout un groupe de fonctionnaires méfiants et ombrageux.

Des diverses troupes dramatiques qui existaient avant cette époque, une seule survivait, la troupe Minakian, qui avait traduit son répertoire en turc et continua par privilège exclusif de donner des spectacles dans cette langue jusqu'en 1908 (les autres troupes dramatiques avaient été invitées par la censure à se dissoudre). Cette troupe Minakian n'avait d'arménien que la nationalité des artistes qui la composaient, et les représentations de pièces mélodramatiques françaises données en turc par des acteurs arméniens formaient le spectacle le plus bizarre et le plus incohérent qui se pût imaginer.

Après l'abolition de la censure, la troupe Minakian essaya, mais en vain, de redevenir arménienne par la langue. Les représentations qu'elle donna de certaines pièces tirées de l'histoire nationale, comme Archag II, Gornag, la Chute de la dynastie archagouni, n'obtinrent aucun succès ; ces pièces sorties de la plume de dramaturges médiocres avaient d'ailleurs le grand tort de déplaire à certains exaltés qui croyaient y voir des tendances nationalistes, alors qu'elles n'étaient que de fades essais de drames historiques où le sentiment patriotique manquait autant que l'intérêt et le bon goût.

Un jeune artiste arménien d'assez médiocre envergure, malgré les grands noms des maîtres dont il se réclame, M. V. Papazian, forma vers la même époque une troupe composée de jeunes gens sans aucune expérience de l'art dramatique, qui reprit pour son compte avec le même insuccès la représentation de ces drames pseudo-historiques auxquels elle adjoignit quelques pièces de Shakespeare. Aussi fut-ce une véritable révélation quand la troupe Armenian-Apelian de Bakou vint donner à Constantinople une longue série de représentations avec un répertoire de pièces modernes traduites d'auteurs russes, allemands et français, et de pièces originales en arménien empruntées aux œuvres de Baronian et de Chirvanzadé. Sudermann et Ibsen, rendus en arménien par des artistes de talent, ont surtout enthousiasmé le public.

Depuis le départ de cette troupe en mars dernier (1909), il s'est formé à Constantinople une troupe mixte composée d'éléments arméniens de Russie et de Turquie, qui compte un artiste de talent, M. Zarifian; malheureusement celui-ci est assez mal entouré, et son répertoire est trop ancien et trop pauvre pour retenir long-temps la faveur du public.

Quant à la littérature dramatique nationale [1], elle n'a rien produit encore depuis l'abolition de la censure, et le peu d'encouragement que rencontrent actuellement les œuvres littéraires en général d'une part, la complexité des conditions requises pour former un bon auteur dramatique d'autre part, nous font croire qu'il faudra attendre longtemps encore avant d'assister à l'éclosion d'un véritable talent.

LE MANUSCRIT DE L'ÉVANGILE, DIT DES *THARGMANITCHKH*, CONSERVÉ À LA BIBLIOTHÈQUE DES PÈRES ANTONIENS, À ORTAKEUY, PRÈS CONSTANTINOPLE.

Le manuscrit dit des *Thargmanitchkh*, conservé à la bibliothèque des RR. PP. Antoniens arméniens, à Ortakeuy, près de Constantinople, est un des plus précieux joyaux de cette collection. Il est ainsi dénommé parce que, d'après une tradition, il serait la copie

[1] Les principaux auteurs dramatiques qui ont essayé de doter l'Arménie d'un répertoire national sont : Bechiktachlian, auteur de pièces tirées de l'histoire d'Arménie : *Archag II*, *Vahan*, *Vahé*, en prose et en arménien moderne, Sérapion Hékimian, pièces historiques : *Samél*, *Vahram*, etc., en vers et en arménien ancien (krapar) ; Tourian, drames historiques : *Artachès le conquérant*, *Chute de la dynastie arsacide*, *Terres noires* (invasion de Tamerlan en Arménie), une pièce d'amour : *Vard et Chouchan;* une pièce de la vie contemporaine : *Le théâtre ;* l'archevêque Khoren Nar bey : une tragédie, *Archag II* et une comédie : *A la Franque;* Thomas Terzian, de nombreuses pièces, dont les principales sont : *Sandoukht* (son martyre), *Moïse*, *Joseph le Beau*, un *Archag II* en vers, qu'il a également rédigé en italien, sur lequel l'artiste-compositeur arménien Tchouhadjian composa un opéra. Baronian, le grand satirique, a fait une comédie, intitulée : *Maître Balthazar*. Tous ces auteurs sont morts.

immédiate du manuscrit de l'évangile des *traducteurs*, après que ceux-ci eurent achevé la version, en langue arménienne, des livres du Nouveau Testament.

Ce manuscrit, qui n'était pas encore folioté lorsque je l'étudiai, porte le n° 7 de la bibliothèque des PP. Antoniens. Il comprend, sauf quelques lacunes, le texte des quatre évangiles; parchemin; écriture erkathagir; 474 pages à deux colonnes; 33 × 25 centimètres; parmi les lacunes, il faut signaler le récit de la femme adultère et la fin de l'évangile selon Marc, dont le texte s'arrête à զի երկնչէին (= car elles avaient peur).

Le mémorial est au début; il se compose : 1° d'une partie encadrée, mentionnant le personnage au nom duquel la copie fut exécutée et 2° d'une partie écrite le long de l'encadrement, donnant le nom du copiste; dans chacune des parties se trouve la date de la copie (fig. 22).

1°
1. գրեցաւ սուրբ աւետարանս
2. նմէ Թուականութեա_
3. նս տն մերոյ Հրամանով եւ
4. ծախիւք Թորոս քահանաի
5. վիրաբանութեամբ ամենային
6. ընտանեացն ի զարդ եւ ի
7. պայծառութի[ւ]ն սուրբ եկե_
8. եղւոյ· եւ ի բերկրումն սբ (= սրբա)
9. սէր ժողովրդոց· Արդ որք
10. ընթեռնուք եւ որք լսէք
11. զԹորոս քահան··յ·· (= քահան·այն) եւ զամե_
12. նայն գիւր եղբարան· եւ
13. զծնաւղս նորա յիշեասջիք
14. ի քս Յս ի որ մեր (= ի քրիստոս Յիսուս ի տէր մեր)·

2° Sur la bordure, en commençant la lecture en haut, à gauche :

1. Այս սարգիս անարժան քահանայ գրեցի զսուրբ աւետարանս·
2. նմէ ։ Թուականիս Թագաւորելոյ

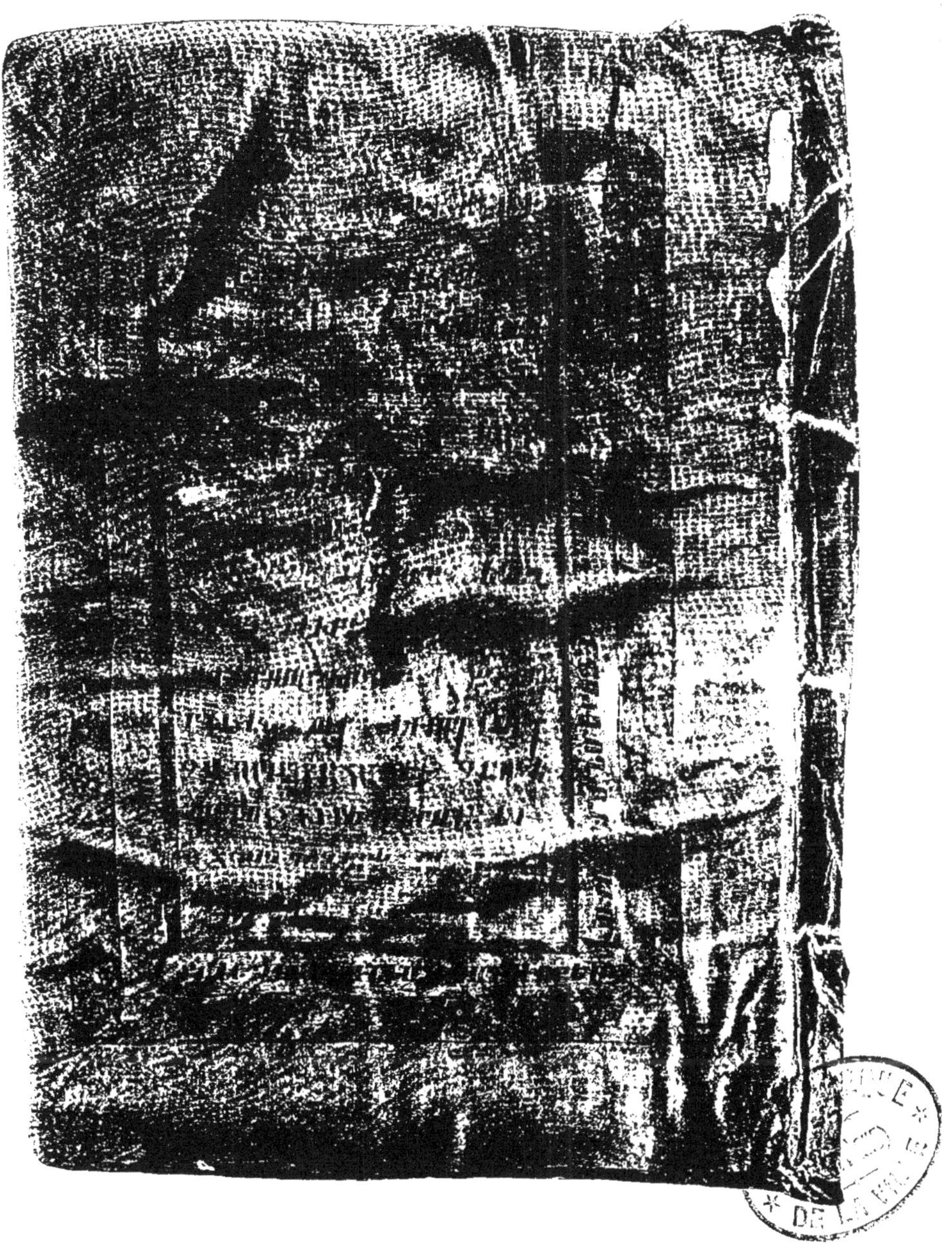

Fig. 22. — Mémorial du manuscrit dit des *Thargmanitchkh*, à Ortakeuy.

3   ի վերայ մեր ա̄ն (= տեառն) մերոյ Յ̄ի ք̄ի ։ նմա
     վանելէ փառք յաւիտ
4   եանս յաւիտեանց ամէն ։

Notre lecture diffère un peu de celle du R. P. Dashian [1]; voici la traduction que nous proposons, de ce mémorial important :

1   Fut écrit ce saint évangile
2   en l'an 415 de l'ère
3   de notre Seigneur par ordre et
4   aux frais du prêtre Thoros
5   avec toute
6   sa famille, pour l'ornement et
7   l'embellissement de la sainte é-
8   glise et pour la joie des pieuses
9   ouailles. Or vous qui
10 lisez et vous qui entendez,
11 le prêtre Thoros et tous
12 ses frères et
13 ses parents, mentionnez[-les]
14 dans le Christ Jésus notre Seigneur.

Sur la bordure :

1   Moi, Sargis, indigne prêtre, j'ai écrit (*ou* copié) ce saint évangile
2   l'an 415 du règne
3   sur nous de N. S. J.-C. A lui convient la gloire
4   aux siècles des siècles. Amen.

On regrette souvent que certains mémoriaux de manuscrits ne portent pas de dates. Celui-ci, par sa double datation, met encore plus dans l'embarras. Suivant, en effet, que l'on entendra la manière d'indiquer la date de la copie, le manuscrit pourra être du viiie ou du xe siècle.

Pour quelques savants, l'expression : *le règne de Jésus sur nous* doit désigner l'ère de la conversion de l'Arménie au christianisme ou ère de saint Grégoire; cette ère est généralement fixée à l'an 301 ou 304 de J.-C. La date de copie du manuscrit en question

<hr>

[1] Ակնարկ մը Հայ Հնագրութեան վրայ... (Vienne, 1898), p. 183. Le R. P. Dashian lit, l. 8 : բզւէր. Le R. P. Maxudianz lit : ա̄ծ̄սէր.

serait donc 415 + 301 = l'an 716 de J.-C. Ce serait un bel âge
pour un manuscrit arménien et ce serait le plus vieux manuscrit
arménien daté que nous connaissions [1]. C'est l'avis du R. P Séraphin Abdullah, mekhithariste de Venise, qui m'écrit : « ...L'évangile des Thargmanitchkh est du VIIIᵉ siècle. Le scribe, dans le mémorial dit : « en l'an 415 de l'ère de Notre-Seigneur ». Le manque
de place dans la page et le désir qu'ont tous les copistes de se re-
commander aux prières des lecteurs obligea le scribe à ajouter son
nom dans la bordure autour du mémorial. En outre, pensant que
la manière de citer la date pouvait induire le lecteur en erreur, il
ajoute une seconde fois la date, après son nom, en disant : « l'an 415
du règne sur nous de N. S. J.-C. ». Je peux dire que dans les mémoriaux des manuscrits arméniens que j'ai vus, c'est l'unique fois
où je vois citer à deux reprises, sans raison, la date de la copie,
sur le même feuillet. — Examinons les dates : L'ère en question
ne peut pas être celle du christianisme, parce que, à cette date (415),
les traducteurs avaient à peine achevé la traduction du N. T. En
outre, tant en Orient qu'en Occident, jusqu'au Xᵉ siècle, on ne se
servait pas de l'ère de J.-C. Tout au plus, les historiens, dans leur
chronologie, citaient le quantième du royaume des souverains arméniens, persans, romains et byzantins. Cette ère ne peut pas être
notre ère nationale, commençant en 552 de J.-C., parce que dans
les manuscrits on ne rencontre pas cette expression « du règne sur
nous de N. S. J.-C. ». Cette ère nationale est exprimée par les
formes : Մեծ Թուական, Թուական Հայկազեան սեռի, Հայ֊
կազեան տումար, աբեթական պարոից մերա թիւ, խոս֊
րովային Թուական, ապքանագեան տումար, յաբեթական
տումար, մեր Թուական. Cette ère n'a aucune relation avec le
christianisme. C'est un calcul purement astronomique et héméro-
logique. Du reste, le scribe et le possesseur du manuscrit étaient
prêtres ; donc tous deux distinguaient bien les ères et ils ne pou-

---

[1] Sur l'ère de saint Grégoire l'Illuminateur, cf. Tchamitch, *Histoire de
l'Arménie*, t. III, p. 2 de la chronologie, vìᵉ ère, et comparaison des ères,
p. 13. — Dulaurier, *Recherches sur la chronologie arménienne*... (Paris, 1859),
p. 37 et suiv. — Garegin, *Catalogue des anciennes traductions arméniennes*
(Venise, 1889), p. 606. — Dulaurier (*op. cit.*), p. 289-290, cite le mémorial
d'un manuscrit de la bibliothèque d'Etchmiadzin, où il est formellement fait
mention de l'ère de la conversion de l'Arménie au christianisme, correspondant
à l'an 304 de J.-C.

vaient commettre l'erreur de confondre l'ère nationale avec celle
du christianisme ou de J.-C.

« Alors, il s'agit bien ici de l'ère de la conversion au christianisme de toute l'Arménie. Cette ère, en effet, existait. Tchamitch,
qui a publié son histoire de l'Arménie en 1781-1786, la connaissait, malgré le petit nombre de manuscrits qu'il possédait et plus
de dix historiens nationaux qu'il ignorait. Il cite cette ère et lui
réserve une colonne dans ses tableaux chronologiques. Voilà pour
les raisons explicites.

« Voyons les raisons implicites : L'écriture de l'évangile est en
caractères erkathagir, avec des formes telles qu'elle peut osciller
entre le vi^e et le ixe siècle. Plus l'écriture est ancienne, plus les traits
des lettres au commencement et à la fin des mots sont allongés.
C'est le cas dans notre manuscrit. — Les miniatures après les trois
premiers évangiles ne sont pas de la même époque que la copie.
Les scribes avaient l'habitude, en copiant leurs livres, de laisser de
l'espace pour les initiales et les miniatures. Dans notre évangile,
l'enlumineur, ne trouvant pas de pages vides, se servit des moitiés
de pages à la fin de chaque évangile, pour faire les portraits et il
ne laisse parfois aucun espace entre la dernière ligne du texte et le
dessin. Je suppose que la première reliure était en désordre lorsque
l'enlumineur se mit à l'œuvre. Le feuillet du mémorial au commencement du manuscrit confirme mon opinion ; il devrait être à
la fin du volume. — En résumé, tant que la paléographie, par
l'analyse du parchemin et de l'encre, n'aura pas dit le dernier mot
de la question, nous pouvons admettre que l'évangile des Thargmanitchkh est du viiie siècle. »

Pour d'autres savants, nous avons, dans le mémorial qui nous
intéresse, une façon insolite de désigner l'ère arménienne ordinaire.
C'est l'avis du R. P. Dashian, mekhithariste de Vienne [1]; c'est
également celui de M. Galoust Tér Mkrttchean, à qui j'ai communiqué une photographie du mémorial, et qui m'écrit à ce
sujet : « … Le mémorial est bien lisible, il n'y a ni date chrétienne
ni date de l'Illuminateur, comme on l'a prétendu. C'est purement
et simplement la date vague arménienne Ն Ժ Ե = 415 + 551 =
966 de l'ère chrétienne, ou, plus correctement, l'espace de temps

---

entre le 3o mars 966 et le 29 mars 967 de l'ère chrétienne. Donc notre manuscrit est sûrement du x⁰ siècle, et non pas du vii⁰, ou du v⁰, comme on l'a prétendu »[1].

Pour nous, le manuscrit dit des Thargmanitchkh semble bien être du x⁰ siècle; les lettres ressemblent absolument à celles des autres manuscrits du x⁰ siècle, que j'ai eu l'occasion de voir. Mais l'argumentation fondée sur la seule paléographie n'est pas suffisante; rien ne ressemble à un manuscrit en erkathagir du x⁰ siècle comme un manuscrit en erkathagir du xii⁰ siècle; par conséquent on pourrait admettre une ressemblance analogue entre un manuscrit en erkathagir du x⁰ et un congénère du viii⁰ siècle.

Voyons si les miniatures apporteront un élément de solution dans la question.

Au début du volume, une miniature (fig. 23) représente la Vierge et l'enfant Jésus. Ainsi que dans le ms. 229 d'Etchmiadzin la Vierge est assise sur un trône, les mains levées dans l'attitude de la prière; mais les bras, grossièrement dessinés, forment un angle droit avec le corps. L'enfant est assis sur le sein de sa mère. De sa main gauche il supporte un objet, probablement un exemplaire de l'évangile, et de la droite, il le désigne. Les têtes des deux personnages ne sont pas nimbées, les sourcils se rejoignent et rappellent plutôt une facture syriaque. Dans le champ, à gauche de la tête de la Vierge, une inscription arménienne, du contenu suivant, en très petits caractères erkathagir : ուրախ լեր քեր֊ կրեալ որ ընդ քեզ[2].

L'encadrement est spécial et je n'en ai pas vu d'analogue dans d'autres miniatures arméniennes.

A la fin de l'évangile selon Matthieu, deux personnages, dont l'un est nommé Matheos et l'autre Markos. Ils sont debout, le corps est droit, les pieds sont de travers; ils portent de la main gauche un exemplaire de leur évangile, qu'ils désignent de leur main droite. Leurs vêtements comme leurs mouvements sont raides, de la raideur des miniatures orientales; il n'y a pas, dans le pli des habits, le modelé byzantin. Les rayures que l'on remarque sur leurs robes sont peut-être destinées à représenter à l'œil du spectateur le modelé byzantin que l'artiste oriental n'arrivait pas à reproduire exactement. Chaque personnage se tient debout entre

---

[1] Lettre particulière, datée d'Etchmiadzin, 5 octobre 1909.

[2] Luc, I, 28 « Réjouis-toi, exultant d'allégresse; le Seigneur [est] avec toi. »

Fig. 23. — Évangile des Thargmanitchkh. La sainte Vierge et l'enfant Jésus.

Nouv. arch. miss. scient., t. XIX, fasc. 2. — M. Macler.

Fig. 24. — Evangile des Thargmanitchkh.
Fin de l'évangile selon Matthieu. Personnages : Matheos, Markos.

Fig. 25. — Evangile des Thargmanitchkh.
Fin de l'évangile selon Marc. Personnages : Markos, Loukas.

Fig. 26. — Évangile des Thargmanitchkh. Fin de l'évangile selon Luc.

deux colonnes; au total, trois colonnes qui supportent un ornement hémisphérique, d'une facture rudimentaire, comme on en
voit dans les manuscrits syriaques. Deux oiseaux sont perchés sur
deux ornementations en forme de bouclier losangulaire, placées
sur un support émergeant des colonnes extérieures (fig. 24), et se
tournent le dos, au lieu d'être affrontés, comme dans les documents
d'une facture plus artistique.

A la fin de l'évangile selon Marc, deux personnages, dénommés :
Markos, Łoukas. Ils sont debout, face au spectateur; les pieds
sont de travers, se faisant vis-à-vis; de la main gauche, ils soutiennent un objet, probablement leur évangile respectif; de la
droite, ils le désignent. Les vêtements sont à losanges (Markos)
ou en damier (Łoukas). Les têtes, comme chez les deux précé-
dents, ne sont pas nimbées. Ils se tiennent entre deux colonnes,
au total trois colonnes qui supportent un ornement hémisphérique, sur lequel sont perchés deux oiseaux. Au bas de la colonne
médiale, deux paons affrontés, dont les becs se touchent (fig. 25).

Ces quatre personnages rappellent plus ou moins les quatre évangélistes du ms. 229 d'Etchmiadzin[1], avec cette différence que
ceux-ci sont d'un dessin plus achevé et d'un coloris plus savant;
en outre, ces derniers se tiennent entre deux colonnes et ne sont
pas séparés l'un de l'autre par une troisième colonne médiale.

A la fin de l'évangile selon Luc, deux personnages, debout, ne
portent pas de nom. On pourrait s'attendre à ce que ce soient Luc
et Jean, conformément au système de l'artiste qui nomme une
fois : Matthieu et Marc, une deuxième fois Marc et Luc. Il n'en est
rien, et ces personnages ne sont vraisemblablement pas des évangélistes. Ils ne portent aucun objet, ni de la main gauche, ni de
la droite. Les avant-bras auraient dû sortir de la tunique à l'endroit où celle-ci fait angle droit avec la robe. Le miniaturiste,
embarrassé, a schématisé les bras, et les fait sortir à angle droit
du thorax (fig. 26).

Si ces personnages sont des évangélistes, ce sont Luc et Jean.
Mais, s'ils ne les sont pas, que peuvent-ils être?

Dans le ms. 229 d'Etchmiadzin, en dehors des quatre évangélistes groupés deux par deux, une miniature[2] représente

<hr>

[1] Cf. Strzygowski, *Das Etschmiadzin-Evangeliar...* pl. III.
[2] Cf. Strzygowski, *Das Etschmiadzin-Evangeliar...* pl. II.

deux personnages debout, de chaque côté du Christ trônant; ce sont les apôtres Pierre et Paul. Et l'on peut se demander si les deux personnages en question ne sont pas une imitation, très simplifiée, de la miniature d'Etchmiadzin et ne sont pas destinés à représenter, dans la pensée du miniaturiste, les apôtres Pierre et Paul.

M. Gabriel Millet nous suggère à ce propos les quelques observations suivantes : « Puisque le geste et le costume de ces figurés les distinguent si nettement des évangélistes et des apôtres, ne faut-il pas y chercher d'autres personnages : laïques, martyrs ou moines? En effet un manuscrit byzantin de la fin du xe siècle, apparenté au type de Rabula et d'Etchmiadzin par le groupement des portraits au début du volume, présente, à la suite du Christ, de la Vierge et des quatre Évangélistes, un saint ascète justement dans l'attitude de la prière [1]. Cette analogie expliquera peut-être nos mystérieux personnages.

La parenté indéniable de notre manuscrit avec celui d'Etchmiadzin permet de le rattacher à la grande famille issue du célèbre manuscrit syriaque de la Laurentienne et dont on peut suivre les ramifications jusqu'à une époque avancée dans les manuscrits orientaux et byzantins [2]. Le caractère essentiel de ce type est le groupement des miniatures, compositions ou portraits, au début du volume. Il est clair que le modèle de notre manuscrit présentait, comme l'évangéliaire d'Etchmiadzin, les quatre Évangélistes groupés ensemble au début, deux par deux, par conséquent dans deux compositions voisines. Le copiste a transposé et séparé ces deux compositions, et, comme les quatre figures étaient pareilles, il a pu, suivant ses convenances, donner le même nom à deux d'entre elles.

Que signifie ce remaniement? Est-ce une fantaisie du copiste? Non, car nous trouvons une disposition analogue, au xie siècle, dans un manuscrit byzantin d'une tout autre famille, le *Parisinus 74*. Là à la fin de chaque évangile [3] on voit sous deux arcades jumelles

---

[1] Sinaiticus, 204. Cf. KONDAKOV, *Putešestvie na Sinaj*, Odessa, 1882 p. 130; Album, pl. 32-38, reproduit in *Hautes-Etudes*, B. 132-138. Cf. MILLET, *L'Art byzantin*, fig. 150, 151, 153, p. 287 et suiv.

[2] Cf. MILLET, *L'Art byzantin*, p. 232 et BAUMSTARK, *Palestinentia*, p. 53 (Röm. Quartalschrift, 1906).

[3] *Evangiles avec peintures byzantines du xie siècle*, Paris, Berthaud frères, pl. 56, 91, 187.

l'higoumène du couvent auprès de l'Evangéliste : une fois ils sont orants l'un et l'autre devant la main de Dieu. Dans les deux manuscrits le cadre décoratif est à peu près le même ; ils représentent donc un type spécial.

Il est difficile de dater des miniatures sans style, exécutées par un ignorant. On retiendra pourtant que le type représenté par elles est ancien, plus ancien même que celui d'Etchmiadzin, car la première miniature (fig. 23) conserve l'encadrement des modèles du vi[e] siècle : on rencontre en effet l'arc archiaigu dans le manuscrit syriaque de Florence [1] et les cercles tangents appliqués sur les colonnes dans un manuscrit grec du *British Museum* [2]. Le geste même du Christ enfant tenant le livre est plus normal, plus proche du prototype qu'à Etchmiadzin, où le livre paraît omis et remplacé gauchement par une croix. Remarquons enfin que le type de l'Évangéliste debout, qui est rare dans les miniatures arméniennes, se rencontre justement encore en 1007 dans un manuscrit de Š. Lazzaro à Venise [3], en 1057 à Etchmiadzin même [4]. En somme les analogies qui rapprochent ces miniatures non seulement du n° 229 d'Etchmiadzin, enluminé en 989, mais aussi de quelques manuscrits arméniens et byzantins de la fin du xe ou du xie siècle permettent, semble-t-il, de les attribuer à cette époque. »

Les miniatures du manuscrit que nous étudions n'ont rien de byzantin, ni dans la figure des personnages, qui ont de vraies têtes de bonshommes, ni dans le dessin des vêtements, ni dans l'attitude générale; la facture rappelle bien plutôt l'Orient, avec sa raideur coutumière et sa bigarrure agréable à l'œil, telle qu'on peut se la représenter par les manuscrits syriaques ou par leurs imitations. Le musée d'art industriel, à Christiania, possède une tenture provenant de l'église de Baldishoel en Norvège et datant du xiie siècle [5], où l'un des personnages, celui de gauche, rappelle nos miniatures arméniennes; la cheve-

---

[1] Garrucci, *Storia dell' arte cristiana*, pl. 140.2.

[2] Addit., 5111. Cf. Haseloff, *Codex purpureus Rossanensis*, p. 44, fig. 1.

[3] Strzygowski, *Kleinarmeniche Miniaturmalerei* (Atlas zum Katalog der armenischen Handschriften, Tübingen, 1907), p. 22,

[4] Voir ci-dessus, p. 42.

[5] *Die Kunst*, Monatshefte für freie und angewandte Kunst (Munich, 1905), p. 199.

lure encadre, en rond, la tête et ne fait qu'un avec la barbe qui se termine en pointe; un espace blanc, assez prononcé, sépare la bouche de la barbe; les pieds sont de travers, tournés vers la droite; des oiseaux achèvent l'ornementation.

Ce type de personnages bonshommes qui n'a rien de très artistique dérive d'un prototype oriental, syriaque en l'espèce. Il s'est répandu partout pendant le moyen âge, à partir du ixe ou du xe siècle; nous le retrouvons en Europe comme en Asie. Il y a donc de fortes présomptions, à notre avis, pour que les miniatures du manuscrit des Thargmanitchkh, exécutées à coup sûr après la copie, puisqu'elles empiètent parfois sur l'écriture, soient de la fin du xe ou du xie siècle, et le manuscrit lui-même, dans son ensemble, serait du xe siècle [1].

[1] Sur la demande de M. Gabriel Millet, je lui ai remis pour la *Collection byzantine* de l'École pratique des hautes études, section des sciences religieuses (en Sorbonne), les clichés et une épreuve photographique des fig. 22-26 publiées ici même.

INDEX ALPHABÉTIQUE.

Mulni, 70 et suiv.
Musulmans, 95.

Naçr (L'émir), 35.
Nakhidjevan, 92.
Nakhtchévan, 37.
Namalian, 99.
Napoléon Ier, 4.
Nardos, 99.
Narendj-Khâtoun, 36.
Naser, 54.
Natôn, 101, 102.
Nazareth, 15.
Nazariants, 98.
Nersès, catholicos, 50.
Nersès III, catholicos, 82 et suiv.
Nersès V, catholicos, 69 et suiv.
Nersès le Grand, 56.
Nersès Šnorhali, miniature, 17.
Nersès Varjabedian, 91.
Nersessian (séminaire), 69.
Nicodème ensevelit Jésus, miniature,
  42.
Nikolayos, 16.
Nisibe, 23, 47.
Noé (Arche de), 47.
Noire (Mer), 103, 104.
nom des manuscrits, 49, 78, 79, 80.
Nor Djoulfa, 92.
Norvège, 123.
Noukha, 92.
Noravankh, 32, 33.
Nouné (Sainte), 22, 67, 72.
Noy (= Noé), curé, 15.

Odessa, 92.
Ohannissian (Ohannès), 98.
Olti, 92.
Ordou, 104.
Ormanian (Mgr Malachia), 3.
Ortakeuy, 3, 115 et suiv.
Oskan, 72.
Ošakan, 68 et suiv.
Ourmiah, 72, 92.

Pachavankh, 79.
Palâs-pouch, 36, 37.
Palestine, 20.

Palou, 79.
Papazian, 114.
Paperon, 48.
Papazian (Vrthanès), 99.
Patrounik, 56.
Paul (Le P.), 45.
Pauliciens, 23.
Persans, 63, 70.
Perse, 72, 92, 93.
Pétersbourg (Saint-), 92, 94.
Petros, dpir, 18.
Petros (R. P.), 5.
Petros, 10.
Philippos, catholicos, 18.
Pierre Ier (Têr Petros), catholicos.
  38, 39.
Pierre (Église de Saint-), 63.
Pòlos, 14.
Présentation de Jésus au temple, mi-
  niature, 42.
Procheants ou Prošeants, 70, 98.

Qâïmaz, 36.
Qoumm, 36.
Qyptchaq, 34.
Qyzyl-Arslan, 36.

Rabula, 122.
Raffi, 98.
Rameaux (Fête des), miniature, 37,
  42.
Raphaël (Mgr), 3.
Renier (Léon), 65.
Résurrection de Lazare, miniature,
  42.
Ripsimê (Sainte), 21, 22, 67, 71 et
  suiv., 81 et suiv.
Ripsimiennes (Les saintes), 67,
Rostov-sur-le-Don, 19.
Rostovtsef, 65 et suiv.
Roubaix, 103, 104.
Roumanie, 93.
Rouyîn-Diz, 36.
Russes, 70, 81.
Russie, 3, 37, 115.

Sahak, 22, 24, 27, 46, 56.
Saint Giron, 80.

ERRATA.

P. 15, l. 6. *Lire :* [pour eux].

P. 18, l. 15. *Lire :* ⱶⱶ.

P. 20, l. 5. *Lire :* Арменіа въ эпоху.

P. 49, n. 2, dernière ligne. *Lire :* de l'évangile.

P. 57, l. 4 du texte arménien. *Lire le dernier mot :* կայսեր.

P. 85, n. 1, première ligne, à la fin. *Lire :* (août 1909);

ERRATA.

TABLE DES MATIÈRES.

TABLE DES ILLUSTRATIONS.

Pages.

9 782014 454321